LES VICTOIRES

DE

LA RÉPUBLIQUE

NOUVELLE SÉRIE IN-8° CARRÉ

Bataille de Zurich (25 septembre 1799).
(D'après le tableau de François Bouchot, au Musée de Versailles.)

NOS GLOIRES MILITAIRES

LES VICTOIRES

DE

LA RÉPUBLIQUE

PAR

DICK DE LONLAY

TOURS

MAISON ALFRED MAME ET FILS

LES VICTOIRES

DE

LA RÉPUBLIQUE

————— ⊱✳⊰ —————

VALMY

(20 SEPTEMBRE 1792)

PAR UN SOLDAT DU 1er BATAILLON DES VOLONTAIRES DE PARIS

Le 20 avril 1792, l'Assemblée nationale déclarait la guerre au nouvel empereur d'Autriche, roi de Bohême et de Hongrie, François Ier. La ligue de Pilnitz et le traité de Berlin, véritables actes d'arrogante hostilité envers la nation française, font accepter cette déclaration avec un patriotique enthousiasme. Cette résolution retentit comme un éclat de foudre au milieu de la France ; jamais les esprits n'ont été mieux disposés pour la guerre. Ce cri de combat est comme un réveil national : on court aux frontières avec enthousiasme.

C'est dans ces circonstances que paraît le fameux manifeste du duc de Brunswick, car la Prusse, à la déclaration de guerre faite à l'Autriche, a également pris les armes : « Je viens, les armes à la main, dit le duc, punir les révoltés. Les alliés puniront comme rebelles tous les Français, sans distinction, qui combattront les armées étrangères; ils seront individuellement responsables, s'ils ne s'opposent pas aux attentats des révolutionnaires contre le roi et sa famille. Toutes les autorités constituées, tous les citoyens seront punis de mort, et toutes les villes et villages seront frappés d'exécution militaire et de pillage en cas de résistance et de désordre. »

En ce moment nous avions trois armées sur pied. Dumouriez, notre ministre de la guerre, rédige un habile plan de campagne. Il veut prendre l'offensive, et enlever les Pays-Bas à la maison d'Autriche. Toutefois le début est malheureux; nos troupes, formées à la hâte et encore peu disciplinées, se débandent aux premiers coups de canon tirés contre Mons par les Autrichiens : la conquête des Pays-Bas est manquée, et notre armée livrée aux sarcasmes de l'Europe. « Quelques coups de canon, disent nos ennemis, ont suffi pour disperser cette foule déguenillée ; » et notre armée nationale n'est plus comptée comme une armée.

A Paris, à la nouvelle de ces désastres, une énorme stupeur s'empare d'abord des esprits, mais bientôt fait place à la colère et à une patriotique indignation, qui vient d'éclater en apprenant l'odieux manifeste du duc de Brunswick. « Dans dix jours à Paris! s'est, paraît-il, écrié le généralissime prussien; dans dix jours nous camperons dans les salles du Louvre. » Et tout son état-major a répété joyeusement : « Dans dix jours à Paris ! » Et les soldats qui veillent au corps de garde acclament à leur tour : « Dans dix jours à Paris ! » Cent cinquante mille Prussiens et Autrichiens, et vingt mille émigrés, debout, du pas de Calais au golfe de Gênes, poussent un hourra qui retentit des Ardennes aux

Pyrénées. Mais patience ! entre eux et la capitale ils verront se dresser notre nation armée contre l'étranger, frémissante, indomptable.

Le 11 juillet, au début de la séance de l'Assemblée nationale, le président Aubert-Dubayet (le même qui devait plus tard défendre Mayence si opiniâtrément) prononce avec dignité, d'une voix grave et retentissante, ces mots qui produisirent en France l'effet de l'étincelle électrique : « Citoyens, la patrie est en danger ! »

Le dimanche 12 juillet, à six heures du matin, les six légions qui forment alors la garde nationale parisienne se rendent avec leurs drapeaux à la place de Grève, pendant que des batteries, placées au Pont-Neuf et à l'Arsenal, commencent à tirer le canon d'alarme. Deux colonnes précédées par des tambours, des trompettes et un cavalier, portant une bannière tricolore avec ces mots : « Citoyens, la patrie est en danger! » partent de l'hôtel de ville et parcourent Paris dans tous les sens. On dresse en même temps dans huit endroits différents ; sur la place Royale, sur la place Dauphine, au parvis Notre-Dame, à l'estrapade, sur la place Maubert, devant le Théâtre-Français, devant le Théâtre-Italien et sur le carré Saint-Martin, des amphithéâtres avec des tentes ornées de banderoles tricolores et de couronnes de chêne entrelacées. Devant chaque amphithéâtre se trouve une table supportée par deux tambours ; sur cette table, devant six notables et trois officiers municipaux, on enregistre les noms des jeunes gens qui se présentent pour défendre volontairement la patrie. On court s'inscrire sur les registres avec un enthousiasme indescriptible. Dans l'espace des quatre premiers jours, le nombre des enrôlés se monte à cinq mille trois cent trente-neuf; il augmente de jour en jour, et le huitième on compte dix mille sept cent quinze jeunes volontaires, armés et prêts à partir pour aller former le camp de Soissons. C'est là le noyau primitif de ces nombreux bataillons qui ne tarderont pas à montrer à l'ennemi quelle différence existe entre des troupes levées à prix d'argent et des soldats qu'animent l'amour de la patrie et la défense de l'indépendance nationale.

L'Assemblée nationale a répondu au manifeste du duc de Brunswick par un décret qui déclare la patrie en danger; en même temps elle fait répandre dans toutes les villes et dans tous les villages cette insolence menace faite à la nation. Le manifeste prussien sert d'appel aux armes. Il se passe à ce moment quelque chose qui n'a d'exemple chez aucun peuple : la France se lève tout entière. On voit alors la grille du jardin se transformer en piques; le plomb du vieux château, le fer de la charrue s'amonceler à la porte de la forge. Tout instrument devient arme, tout homme devient soldat.

Nos bataillons volontaires nationaux, se mêlant à ce qui reste des anciennes troupes de ligne, forment notre nouvelle infanterie. Malgré le décret du 1er février 1790, qui a établi que, pour parvenir au grade d'officier, il faut la pratique distinguée du devoir du soldat et la connaissance des premiers éléments de l'art militaire, nos nouveaux bataillons nomment leurs officiers par la voie du scrutin. Tous jeunes et distingués, tous ayant les mêmes droits, il doit être naturel que les volontaires soient jaloux du choix de leurs chefs. Napoléon, plus tard, sanctionna ces choix instinctifs, et ses généraux furent presque tous les chefs des bataillons de volontaires.

L'organisation de 1791 a fait abandonner à tous les régiments les noms propres qui les distinguaieut et leur a donné une série de numéros. Nous avons dès lors cent quatre régiments d'infanterie, dont vingt-trois étrangers; chaque régiment est à deux bataillons, le bataillon à cinq cent quatre hommes; une compagnie de grenadiers et huit de fusiliers, chaque compagnie de cinquante-six hommes. Chaque régiment n'a plus qu'un drapeau aux trois couleurs; mais, comme la disposition n'a pas été réglée, chaque régiment donne aux pièces tricolores les dispositions les plus bizarres. La hampe est surmontée d'une lance dorée; sur le drapeau on voit seulement le numéro du régiment avec le faisceau de licteur entouré de lauriers, et au revers ces mots : « Discipline et obéissance à la loi. »

L'infanterie légère se compose de quatorze bataillons de chasseurs, dont deux bataillons de chasseurs volontaires parisiens. Dans ces deux troupes les grenadiers et carabiniers continuent à porter le bonnet à poil, dont la plaque, au lieu d'être ornée des armes royales, est estampée d'une énorme grenade.

Comptant sur la désorganisation de nos armées, les alliés, dans cette première campagne, ont décidé d'entrer en France par la frontière du centre, dont les places fortes, peu nombreuses, sont en mauvais état, et de marcher droit sur Paris. L'armée ennemie, composée de cent douze mille hommes, se met en mouvement dans les premiers jours d'août, et le 12, au lever du soleil, les habitants des frontières de la France voient paraître l'avant-garde de l'armée prussienne. Les houzards noirs de Brunswick apparaissent, au galop rapide de leurs chevaux, comme de lugubres fantômes, et vont s'abattre sur Riedmaken et Sierk. Là commence la première de ces exécutions militaires dont le duc de Brunswick a menacé la France. Des habitants de ce dernier village, ayant protesté à coups de fusil contre l'invasion, sont passés par les armes.

L'armée de Brunswick s'empare de Longwy et de Verdun. Notre situation est des plus critiques. Deux corps d'armée seulement se trouvent en présence de l'armée prussienne : ce sont les vingt mille hommes de Kellermann, à Metz, et les vingt-trois mille hommes que la Fayette vient d'abandonner à Sedan. Notre 1er bataillon des volontaires de Paris arrive dans cette ville et trouve nos soldats livrés à eux-mêmes, sous le coup d'une pénible impression; on ne sait que faire, où aller. Le mot de trahison commence à circuler dans les rangs.

C'est le 28 août au soir : tout à coup on nous fait prendre les armes, on nous range en bataille. Le nouveau général en chef, Dumouriez, a eu le temps de nous rejoindre, grâce aux lenteurs de Brunswick. Sa vue nous inspire tout de suite une vive confiance; nous nous sentons commandés.

Les ennemis, en avançant au cœur de la France, ont suivi la ligne de Sedan à Metz, et dirigent leur marche vers la forêt de l'Argonne, qui s'étend de Sedan à Passavant. Cette forêt, à jamais mémorable dans notre histoire, couvre un espace de quinze lieues environ, et par les inégalités du terrain, le mélange des bois et des eaux, est tout à fait impénétrable à une armée, excepté sur quelques points principaux, par lesquels les ennemis comptent pénétrer en Champagne. Dumouriez, en étudiant la carte de cette partie de l'Est, fixe son regard sur cette forêt. Un éclair jaillit de sa pensée. Il montre l'Argonne et ses clairières à son aide de camp Thouvenot, homme de génie, bien digne de le comprendre, et s'écrie : « Ce sont là les Thermopyles de la

Bataille de Valmy. — « En avant ! vive la nation ! »

France ; si j'y puis être avant les Prussiens, tout est sauvé. »
Et tous deux passent la nuit à commenter cette heureuse
inspiration. Les défilés dont il s'agit de s'emparer pour arrêter la marche de l'ennemi sont au nombre de cinq ; l'exécution de ce projet n'est pas facile.

Dès le 29 au matin, nous sortons
de Sedan, et, après une marche
des plus rapides, nous allons occuper ces passages. En même temps
Dumouriez forme en arrière deux
camps retranchés sous Reims et
Châlons, et un autre à Meaux, où
on reçoit les soldats qui accourent
de tous côtés. Deux mille volontaires sortent chaque jour de Paris. Cependant le défilé du Chêne-
Populeux est forcé ; la route de
Paris est ouverte. Dumouriez, au

Chasseur volontaire de Paris (1792).

lieu de se réfugier sous Châlons, se porte à Sainte-Menehould pour y attendre le corps d'armée de Kellermann, qui
depuis dix jours est en marche.

Le 19 septembre, nos avant-postes signalent de longues
colonnes arrivant dans la direction de Metz. Bientôt ils sont
rejoints par des cavaliers à l'uniforme vert galonné de blanc
et coiffés du casque de cuir à chenille noire, qui battent le
pays, dispersés en fourrageurs. Ce sont des chasseurs à cheval précédant le corps de Kellermann. Bientôt la jonction
s'opère aux cris mille fois répétés de : « Vive la nation ! »
et Kellermann établit ses troupes sur les hauteurs de Valmy.

Le général Desprez-Crassier commande halte près d'un
grand moulin situé sur un tertre, au centre du plateau ; on

aperçoit au loin scintiller de grandes lignes bleues et grises. Les unités tactiques des Prussiens, arrivées au point initial, opèrent leur dislocation pour nous attaquer.

L'armée prussienne, en effet, après l'abandon de la forêt de l'Argonne par Dumouriez, s'est avancée en Champagne. Ce même jour 19 septembre, elle a bivouaqué en face de nous à Sommetourbe, sur le prolongement des montagnes de la Lune. Le roi Frédéric-Guillaume, ayant appris la manœuvre de nos deux corps d'armée, s'imagine que Dumouriez et Kellermann, sentant le danger de leur position, ont résolu d'en sortir et de gagner Châlons. Les Prussiens sont joyeux, disent-ils, de trouver réunis les deux corps d'armée, afin de pouvoir les enlever d'un seul coup. Leur but est de se rendre maîtres de la route de Châlons, d'entourer ainsi Sainte-Menehould de toutes parts et de nous obliger à déposer les armes. Dans la soirée, le général Kellermann nous envoie comme extrême avant-garde occuper Hans, sur la route de Châlons, où nous nous fortifions et barricadons de notre mieux.

Vers sept heures du matin, une vive fusillade éclate en avant de Hans ; nos tambours battent la générale, en quelques minutes nous sommes armés, équipés et prêts à partir. Ce sont nos sentinelles avancées qui viennent de faire feu sur des cavaliers prussiens qui essayaient de se glisser autour de Hans pour en reconnaître les abords. Bientôt l'action s'anime : des masses de cavalerie ennemie manœuvrent dans la plaine.

Menacés d'être enveloppés par ces forces supérieures, nous évacuons Hans et battons en retraite. Les officiers ordonnent le silence ; ils commandent d'un ton plus bref et plus sec. Le brouillard semble vouloir s'épaissir ; on ne se voit pas à vingt pas. La cavalerie ennemie veut nous poursuivre en poussant des hourras, mais quelques feux de peloton bien ajustés la contraignent à se replier. Bientôt arrivent le second bataillon de Paris et d'autres encore. Un houzard de *Gœcking* fait prisonnier nous déclare que l'avant-garde prussienne s'est également mise en marche à six heures du matin et s'avance par sa droite sur Sommetourbe.

En ce moment retentit un grand bruit de chevaux, et plusieurs escadrons de cavaliers arrivent au galop du plateau de Valmy. Ce sont les carabiniers du général Valence, que Dumouriez envoie à notre aide. Ces vieux soldats, afin d'en imposer aux Prussiens, se déploient sur une seule ligne vis-à-vis de l'ennemi.

Les houzards de *Gœcking* et les carabiniers de *Leib*, renforcés par les cavaliers du *Royal-Allemand* (régiment émigré qui porte le même uniforme que nos carabiniers), viennent se heurter aux baïonnettes de nos volontaires et sont chargés en flanc par M. de Valence et ses carabiniers.

Vers dix heures, le brouillard tombe tout à coup, l'horizon s'éclaircit comme par enchantement. Les Prussiens nous apercevant rangés en bataille, cette manœuvre leur en impose : ils n'osent tourner notre gauche, comme ils pourraient le faire.

Nos troupes sont rangées sur deux lignes, la cavalerie postée en arrière de Gizaucourt; un grand silence règne dans nos rangs. Nous autres, les conscrits et les volontaires, que les ennemis appellent des tailleurs et des cordonniers, voyons les Prussiens s'avancer avec l'assurance de vieilles troupes aguerries; c'est pour la première fois que nous nous trouvons sur un champ de bataille et que nous allons croiser la baïonnette : aussi, au premier instant, une certaine inquiétude s'empare-t-elle de nous. Nous sommes disposés par colonnes d'un bataillon de front. A notre droite se trouve le moulin de Valmy, près duquel se tient notre état-major.

Les Prussiens s'avancent toujours sur deux lignes, puis bientôt se forment en trois colonnes d'attaque par échelons; nous voyons leurs fantassins en habits bleus et guêtres grises, la tête coiffée d'un petit chapeau de feutre à bords relevés, courir au milieu des champs, en soutenant d'une main leur fourniment, tandis que les officiers les font se hâter à grands coups de canne. Des batteries de six appuient chaque colonne. A peine avons-nous eu le temps de distinguer les ennemis à une demi-lieue environ, que leur artillerie rangée en ligne se met à tirer. Nous avons devant nous cinquante-huit pièces de canon, dont une dizaine d'obusiers.

La canonnade s'engage avec vivacité ; les canonniers prussiens, dont une grosse grenade de cuivre orne le devant du chapeau retroussé, manient l'écouvillon avec rapidité. Notre artillerie accourt se placer en avant de nous, répond avec avantage au feu de l'ennemi et jette déjà du désordre dans ses colonnes. Les boulets tombent d'abord à nos pieds en soulevant des gerbes de terre, mais sans nous atteindre, lorsque les Prussiens, avec beaucoup d'ensemble et de hardiesse, rapprochent leurs pièces et croisent leurs feux sur le plateau de Valmy.

Nos rangs sont cruellement ravagés : il y a du désordre, chacun a un peu la « frousse »; on se serre, on se bouscule, les rangs ne sont plus observés, quelques coups de feu partent. Nos volontaires faiblissent de plus en plus, malgré l'exemple que donne le général Kellermann, exposé au feu le plus vif. Tout à coup nous apercevons un grand désordre dans l'état-major : ce brave général vient de rouler à terre

avec son cheval.
On le croit perdu,
on se précipite à
son secours; mais
ce n'est qu'une
fausse alerte. Kel-
lermann se relève
tout contusionné;
son cheval seul a
été tué. Il saute
aussitôt sur la mon-
ture d'un houzard
et reste inébran-
lable au milieu des
projectiles qui se
croisent en tous
sens autour de lui.
Quelques instants
après, le lieute-
nant-colonel Lor-
mier, aide de camp
du général en chef,
tombe mort à ses
côtés; des volon-
taires emportent
sur leurs fusils
croisés son cadavre
mutilé et sanglant.
Heureusement,

Bataille de Valmy) 20 septembre 1792), d'après le tableau du musée de Versailles.

de nouvelles batteries de notre artillerie arrivant au galop,
les canonniers, courbés sur leurs schabraques en peau de

mouton, se mettent en position près du moulin et ouvrent un feu d'enfer sur l'ennemi. Les Prussiens, de leur côté, redoublent de rapidité dans leur tir. Soudain deux grandes nappes de feu, dont nos yeux sont aveuglés, s'élèvent devant nous et semblent balayer le plateau. D'épouvantables explosions retentissent : plusieurs obus prussiens viennent d'éclater au milieu des caissons de nos batteries et de faire sauter deux voitures d'artillerie, dont l'explosion tue ou blesse beaucoup de monde. Le terrain est couvert de débris noircis, de chevaux éventrés, de cadavres hachés et horriblement brûlés. Le désordre se met parmi nous ; les conducteurs de chariots, qui sont de simples paysans de réquisition, le brassard tricolore passé autour du bras gauche de la blouse, augmentent la confusion, en s'enfuyant avec leurs caissons, et sont cause que le feu se ralentit, faute de munitions.

Il est onze heures, la position est critique. Nos deux bataillons parisiens, confondus ensemble, ne forment plus qu'une seule masse. Notre première ligne cède du terrain et rétrograde en désordre; nous allons peut-être nous défiler dans un pli de terrain, lorsque Kellermann et tout son état-major arrivent au galop. Le vieux général a l'air furieux : c'est un brave Alsacien, âgé de cinquante-sept ans, qui a gagné le grade de maréchal de camp dans la guerre de Sept ans ; sa longue redingote bleue, brodée d'un mince galon d'or, est criblée de coups; il crie, mais on n'entend rien au milieu du bruit de la canonnade, on ne voit que sa bouche qui remue et ses gestes. Il a tiré son sabre et montre les terres labourées, où nous étions tout à l'heure et où l'on ne voit à présent que des masses noires par terre : les morts et les blessés. En passant près de nous, nous l'entendons crier : « En avant! en avant! Vive la nation! »

Dans les rangs on répète ce cri, les soldats comme les officiers. Le cri de : « Vive la nation! » domine un moment le
bruit du canon. On peut être brave ou lâche, mais le cri de :
« Vive la nation! » ne fait que des braves. On est entraîné,
on marche en avant et on se bouscule pour avancer, autant
qu'on l'a fait pour reculer. On ne voit rien devant soi, car le
terrain monte un peu. Arrivés là où nous étions au com-
mencement de la bataille, les officiers commandent halte.
Les pièces prussiennes tirent toujours, mais leurs boulets
ne viennent plus de notre côté. Tout à coup elles cessent le
feu; nos batteries, soutenues par la réserve d'artillerie à
cheval commandée par le général d'Aboville, se font seules
entendre.

C'est alors que le duc de Brunswick, qui a suivi l'effet de
ses batteries sur nos rangs, voyant que l'ordre s'y rétablit,
décide de tenter une nouvelle attaque plus énergique; il
dirige sur les hauteurs de Valmy trois colonnes profondes,
qui, malgré notre feu, montent à l'assaut avec l'aplomb des
troupes manœuvrées, et poussent de grands hourras. L'ordre
circule parmi nous de ne pas tirer, et de marcher à l'arme
blanche à l'ennemi quand celui-ci aura gravi la colline. Ce
silence est plus effrayant encore que la canonnade de tout
à l'heure.

Les Prussiens ne sont plus qu'à cinq cents pas. En tête,
les grenadiers à l'habit bleu chargé de galons rouges et
coiffés du bonnet à haute plaque des gardes du grand Frédéric. Serrés les uns contre les autres, nous croisons la
baïonnette. Tout à coup on entend la voix de Kellermann. Il
s'est placé à notre tête : « Camarades! nous crie-t-il, le
moment de la victoire est arrivé; laissons avancer l'ennemi
sans tirer un seul coup, et chargeons-le à la baïonnette! »

Et mettant son grand chapeau à haut panache tricolore au bout de son sabre, il le brandit en disant d'une voix forte : « Vive la nation! Allons vaincre pour elle! » « Vive la nation! » répète-t-on dans les rangs. Ce cri immense, aussitôt répété d'un bout de la ligne à l'autre, et les acclamations qui se prolongent pendant un quart d'heure, électrisent notre armée et font succéder dans les rangs à l'hésitation timide et à la morne inquiétude l'allégresse et la confiance, qui sont presque toujours les gages du succès.

Frappé de l'enthousiasme extraordinaire des soldats, qui, à son imitation, agitent fièrement leurs chapeaux sur la pointe de leurs baïonnettes, Kellermann s'écrie, transporté de joie : « La victoire est à nous! » Et à l'instant il fait redoubler le feu de l'artillerie sur les colonnes ennemies. Nous marchons en avant en poussant toujours ce cri de : « Vive la nation! » jusqu'à l'endroit où le terrain redescend vers l'ennemi.

Les Prussiens, mitraillés à petite portée, s'arrêtent, étonnés de notre fière attitude et épouvantés par nos cris incessamment répétés ; ils hésitent; déjà leur fluctuation annonce un prochain désordre, lorsque le duc de Brunswick, craignant l'issue de la lutte qui va s'engager corps à corps, donne l'ordre de la retraite. Nos ennemis reculent et redescendent avec le plus grand ordre. Nous voyons nos boulets jeter à terre des files entières de leurs soldats.

Six de nos pièces viennent se placer devant nous et labourent le flanc des colonnes de Brunswick. Alors nous ne distinguons plus rien. La fumée des coups de canon nous cache l'armée ennemie, et nous ne savons plus ce qui se passe. Pendant un bon moment encore notre artillerie continue un feu violent, mais peu à peu les coups se ralen-

tissent. Les officiers commandent : « Cessez le feu ! » La
fumée s'élève, et nous apercevons au loin les colonnes prussiennes battre en retraite et disparaître derrière les ondula-
tions du terrain.

Après notre victoire, l'armée prussienne reste sur la défen-
sive dans son camp de la Lune, où sa situation devient bientôt des plus critiques. Les pluies continuelles ont mis les

Après la bataille.

routes dans un état affreux. Les convois de vivres, obligés,
pour venir de Verdun, de suivre le long circuit de Grand-
pré, éprouvent de fréquents retards, et les troupes sont
réduites, pour nourriture et pour boisson, à l'eau de craie
et à une mauvaise décoction de blé. La dysenterie fait des
ravages effrayants dans le camp de la Lune. Des régiments
perdent jusqu'à quatre cents hommes, et la faiblesse des
survivants est extrême. Le but de la campagne est manqué
définitivement. L'armée prussienne se trouve diminuée
presque de moitié par la famine et la maladie. Il faut enfin
songer à la retraite, qui s'effectue dans la nuit du 30 septembre au 1er octobre. Nous allons aussitôt, au nombre

d'une brigade, occuper ce fameux camp de la Lune; mais nous sommes obligés de l'abandonner aussitôt, à cause de l'infection qu'y répandent les cadavres d'hommes et de chevaux dont il est encombré.

Verdun est réoccupé le 13 octobre, et Longwy le 22. Brunswick demande un armistice; mais la Convention fait à ses négociations une réponse digne du vieux sénat de Rome : « La république française ne peut entendre aucune proposition avant que les troupes prussiennes aient entièrement évacué le territoire français. » Le 24 octobre, les troupes prussiennes repassent nos frontières, harcelées et poursuivies par nos *houzards de la Liberté* et nos *chasseurs de la République,* qui tous font des prodiges d'audace et d'intrépidité, et deviennent le noyau des meilleurs régiments de cavalerie légère de la république. Ainsi cette campagne qui s'annonçait avec tant d'éclat, cette guerre qu'un insolent manifeste avait commencée, échouait devant quelques recrues, et se terminait par une retraite plus honteuse encore que désastreuse. Les soldats français, vainqueurs à si bon marché des vieilles bandes du grand Frédéric, commencèrent à être animés de cette confiance militaire qui, avec la foi dans les généraux, est un des premiers et des plus sûrs éléments de la victoire.

FLEURUS

(26 JUIN 1794)

PAR UN HOUZARD DE CHAMBORAND (2e RÉGIMENT)

En 1793, la France était menacée par l'Europe entière. En 1794, la scène change, la France menace l'Europe à son tour.

En 1794, les troubles de l'intérieur sont calmés, et nos soldats sont en armes au haut des Alpes, au sommet des Pyrénées, sur la Sambre et le Rhin. Bientôt, suivant le vaste plan de guerre tracé par Carnot, les grandes armées du *Nord* et de *Sambre-et-Meuse* vont s'ébranler.

Pichegru va sur les glaces du Zuyderzée ouvrir à nos bataillons les portes de l'opulente cité d'Amsterdam, qui avait résisté aux grandes armées de Louis XIV conduites par Turenne et par Condé; Jourdan signera le bulletin de la grande journée de Fleurus; Pérignon et Moncey iront planter le drapeau tricolore sur les murs de Bilbao et de Vittoria, dans ces riches provinces de la Biscaye et de l'Alava, et les échos des sierras de la vieille Castille porteront au loin dans l'Espagne la terreur du nom français. Sur les Alpes, Kellermann couvrira de ses bataillons les sommets inaccessibles du mont Blanc. Partout enfin nos victoires se répandront d'un bout de la France à l'autre.

2

Les armées de l'Europe coalisées sont nombreuses, et leur plan, tracé à Londres, est d'agir au nord.

En juin, ou prairial, 1794, l'armée de Sambre-et-Meuse est formée par la réunion de l'armée de la Moselle à celle des Ardennes, et à deux divisions de l'armée du Nord. Elle forme un effectif de quatre-vingt mille hommes. Composée en grande partie des débris des vieux régiments de la monarchie, tels que *Normandie, Languedoc, Flandre, Picardie,* elle a, malgré la présence et l'insubordination des bataillons sans-culottes, conservé un reste de discipline et de gravité qui la distingue des autres armées. Les vieux soldats, dont quelques-uns ont fait la campagne de Silésie et d'autres celle d'Amérique, habitués aux rudes exercices des camps, aux privations, aux dangers de tous genres, ont donné l'exemple de la constance et de la résignation aux jeunes recrues, qui viennent incessamment grossir leurs rangs et compléter les demi-brigades nouvellement organisées par Dubois-Crancé en vertu d'un décret du 21 février 1793. Ces *demi-brigades de ligne* ou *de bataille* ont été formées au moyen d'un bataillon des anciens régiments royaux et de deux bataillons de volontaires. Le nombre de ces demi-brigades de ligne s'élève à cent quatre-vingt-seize ; à chacune sont attachées six pièces d'artillerie, servies par une compagnie de canonniers volontaires. L'infanterie légère comprend quatorze demi-brigades formées par la réunion des bataillons de chasseurs avec diverses légions provinciales.

L'artillerie forme huit régiments de canonniers à pied à vingt compagnies, huit régiments d'artillerie légère ou à cheval à vingt compagnies, douze compagnies d'ouvriers. Le génie comprend douze bataillons à huit compagnies. La cavalerie compte vingt-neuf régiments de grosse cavalerie à quatre escadrons, vingt régiments de dragons, vingt-trois de chasseurs et onze de houzards à six escadrons.

Cette armée de Sambre-et-Meuse, qui sous l'épée de Jourdan, son commandant en chef, allait devenir une des plus belles, des plus braves, des plus disciplinées de toutes les armées de la république, était une véritable pépinière de héros. Elle comptait parmi ses généraux divisionnaires Kléber, Desaix, Marceau, Championnet, Bernadotte, Grenier, Collaud, Lefebvre ; au nombre

Houzard en vedette.

de ses chefs de brigade, Soult et Davout ; les adjudants généraux Ernouf, Ney, Richepanse, Mortier, Molitor, Duhesme, Maison, Friant ; le commandant de cavalerie d'Hautpoul ; les officiers du génie Marescot et Boisgérard. Jourdan avait près de lui les commissaires de la convention Saint-Just, Levasseur et Lebas.

Le gouvernement républicain, qui ne subvenait que par les expédients les plus extrêmes à l'entretien de ses nombreuses armées, avait laissé celle de Sambre-et-Meuse dans le dénuement le plus complet. En prairial 1794, les soldats étaient littéralement sans souliers ni vêtements. Les officiers donnaient l'exemple du dévouement. Le sac sur le dos, privés de solde (car ce fut plus tard seulement, et quand les assignats eurent perdu toute leur valeur, qu'ils reçurent en argent, ainsi que les généraux, huit francs par mois), ils prenaient part aux distributions comme les soldats, et recevaient des magasins les effets d'habillement qui leur étaient indispensables. On leur donnait un bon pour toucher un habit ou une paire de bottes. Cependant aucun ne songeait à se plaindre de cette détresse ni à détourner ses regards du service, qui était la seule étude et l'unique sujet d'émulation.

Dans tous les rangs on montrait le même zèle, le même empressement à aller au delà du devoir ; si l'un se distinguait, l'autre cherchait à le surpasser par son courage, ses talents ; c'était le seul moyen de parvenir, la médiocrité ne trouvait point à se faire recommander. Les soldats étaient superbes de dévouement et d'abnégation. Ils se trouvaient dans le pays le plus riche de l'Europe, ils avaient devant les yeux toutes les séductions ; mais la discipline ne souffrait pas la plus légère atteinte. Jamais armées ne furent plus obéissantes ni animées de plus d'ardeur ; c'est l'époque des guerres où il y a eu le plus de vertu parmi les troupes. Souvent on voyait nos soldats refuser avant le combat les distributions qu'on allait leur faire et s'écrier : « Après la victoire on nous les donnera ! »

La misère était effroyable : chaque homme était réduit à douze onces de pain et à une once de riz par jour, et souvent on ne pouvait pas en avoir ; personne ne se souciait de nos assignats, et pour un pain de trois livres il fallait donner vingt-cinq francs en papier. Quand la disette se faisait par trop sentir, l'armée n'avait d'autre ressource pour vivre que

Bataille de Fleurus (26 juin 1794). D'après le tableau du musée de Versailles.

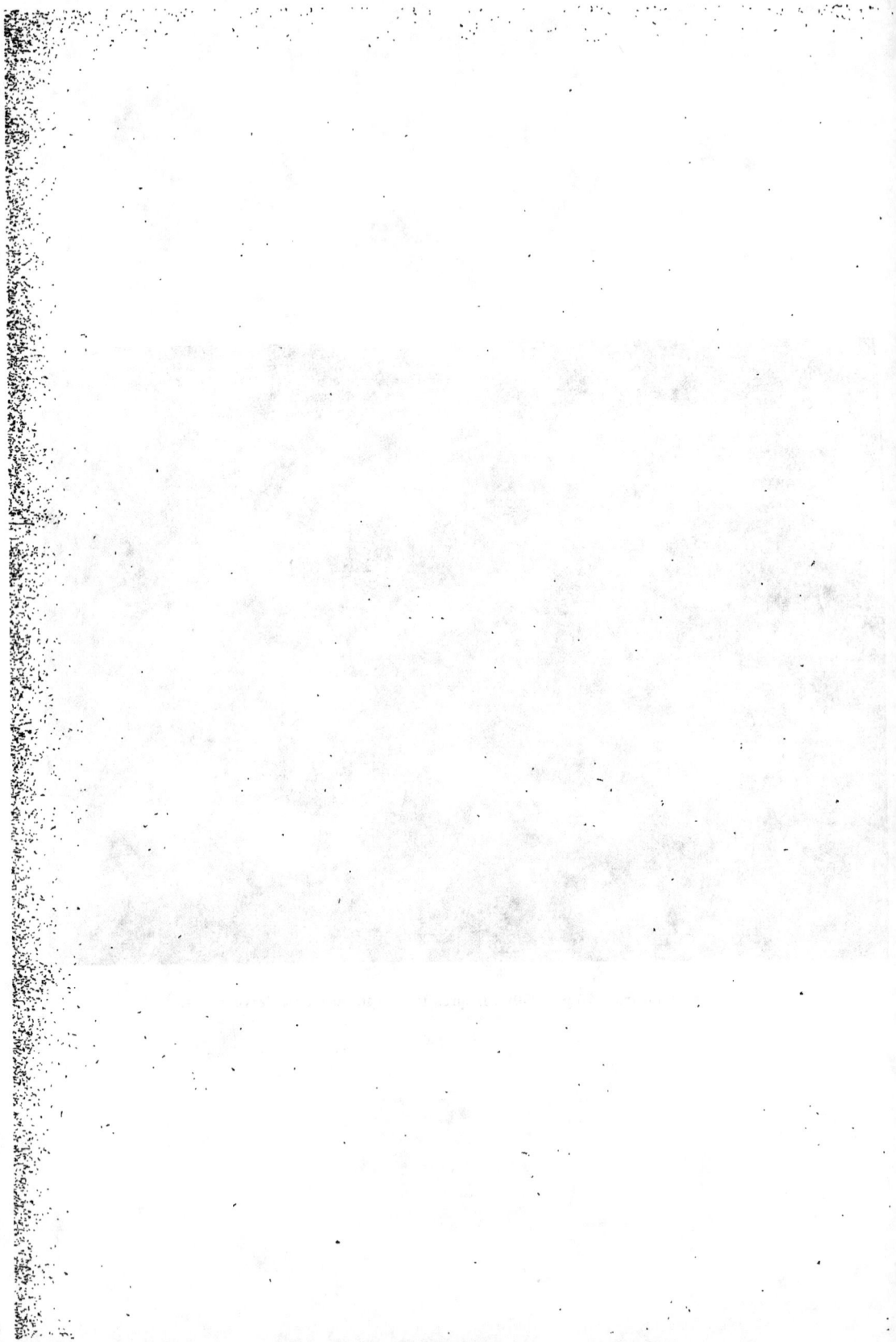

les pommes de terre que l'on trouvait dans les champs. A chaque halte, à peine les faisceaux étaient-ils formés que les soldats affamés se dispersaient dans les environs pour aller déterrer les pommes de terre. Un champ était bientôt récolté, et le repas était vivement préparé au feu du bivouac. Quand les pommes de terre manquaient, les soldats faisaient bouillir des herbages de toutes sortes, et lorsque le seigle était venu en grain, ils lui coupaient la tête et la faisaient griller sur le feu.

Le matin, on battait la breloque pour le pain et la viande, mais cette distribution se réduisait souvent à rien ou à peu de chose. Le soir, à l'entrée de la nuit, pas tous les jours, on revenait avec un pain pour quatre hommes. Tout le monde sortait alors de ses baraques, mais les provisions étaient épuisées avant que la faim fût apaisée. L'inépuisable gaieté du soldat français revenait alors. Ne doutant de rien, parlant de tout, lançant des saillies originales et souvent même instructives : tel était le soldat de nos armées nationales.

Au début de la campagne de 1794, nous campions tout près de l'ennemi, dont nous n'étions séparés que par la Sambre. Aussi chaque matin se souhaitait-on le bonjour à coups de fusil. On ne cherchait qu'à se surprendre les postes et à enlever les sentinelles. Souvent des officiers autrichiens qui savaient parler le français nous criaient : « Eh ! petits *Carmagnoles*, vous n'avez plus de quoi manger, il faut mourir de faim. Vous êtes dans nos filets; bientôt nous vous ferons danser la *carmagnole*. » Bien entendu, on leur répondait à coups de fusil.

Le 22 floréal, après avoir fait plusieurs mouvements, malgré la pluie qui tombe tous les jours et rend les routes impraticables, nous nous arrêtons dans la plaine de Beaumont-sur-Sambre pour y passer la nuit.

Cette contrée, qui est des plus fertiles, est horriblement ravagée; l'ennemi a fait manger à ses chevaux le blé qui commençait à sortir de terre. Les habitations des cultivateurs sont dévastées, et même en grande partie brûlées.

Le 23 floréal, dès la pointe du jour, notre troupe est divisée en trois colonnes; celles de droite et de gauche attaquent l'ennemi avec tant d'ardeur, qu'elles le font se jeter sur nous au centre.

Depuis plus d'une demi-heure nous entendions ronfler le canon et la fusillade. Nos houzards murmuraient et étaient furieux de leur inaction. Tout à coup nous voyons les habits blancs manœuvrer sur nous. Ils sont reçus gaillardement : les *Chamborand* prennent la charge et enfoncent l'infanterie autrichienne.

Deux escadrons de houzards de Wurmser viennent couvrir la retraite de celle-ci. Nous nous jetons sur eux, la pointe en avant, et nous les forçons à repasser la Sambre; plusieurs y disparaissent et se noient.

Deux houzards de notre régiment se jettent dans la rivière à la suite des Autrichiens et vont sur la rive opposée attaquer trois dragons de Latour, qu'ils ramènent prisonniers avec leurs chevaux.

A la vue de tant d'audace, rien ne peut retenir nos soldats; on se jette en masse dans la Sambre, qui est franchie en un clin d'œil. La chasse aux Autrichiens commence. Nous les poursuivons pendant plus de deux lieues la baïonnette et le sabre dans les reins. Un de nos houzards charge seul sur une pièce de canon, sabre les artilleurs et les charretiers, s'empare des chevaux et amène la pièce à notre colonel. La nuit arrête la poursuite; nous nous sommes emparés de plusieurs canons et d'une grande quantité de prisonniers.

Le 24 floréal, nous nous mettons en marche au point du jour. Une de nos colonnes longe la Sambre ; l'autre s'avance sur la droite. L'ennemi nous attend dans ses fortes redoutes. Nous n'hésitons pas. Le feu commence par une canonnade très vive. Notre artillerie se met en devoir de répondre avec ardeur ; elle est soutenue par le feu de l'infanterie, qui s'avance au pas de charge, enlève une première redoute de

Houzards en tirailleurs.

vive force, malgré un feu terrible, et s'empare de quatre pièces de canon avec leurs caissons. L'ennemi est vivement poursuivi pendant une demi-heure, et atteint le village de Grand-Reng, où il s'arrête et prend position avec un renfort qui arrive du camp de Grisvel sous Maubeuge.

Nous nous mettons en bataille devant ce village et envoyons une grande quantité de tirailleurs qui l'enlèvent à la baïonnette ; mais bientôt ils en sont chassés. Ils y rentrent de nouveau et veulent en déboucher. L'artillerie ennemie les couvre de mitraille et les empêche de passer outre. Pendant huit heures, le feu ne cesse ni d'un côté ni de l'autre.

2*

Le soir venu, les munitions font défaut ; la rage au cœur, nous sommes obligés de reculer et de repasser la Sambre. La cavalerie autrichienne assaille et déborde notre infanterie. Notre cavalerie, qui jusque-là est restée immobile et simple spectatrice du combat, est lancée sur l'ennemi pour couvrir la retraite.

Nos houzards de Chamborand sont superbes de valeur, et l'ennemi recule épouvanté devant les dolmans marrons de ces redoutables cavaliers. Un maréchal des logis, atteint de trois coups de sabre à la tête, se défend contre trois dragons autrichiens, tue l'un d'eux, blesse les deux autres et se retire en criant : « Vive la liberté ! » Malgré tous nos efforts, nous devons battre en retraite ; un de nos officiers a sabré déjà trois dragons de Latour, lorsque, couvert de blessures, cerné par la cavalerie ennemie et se voyant près de tomber entre les mains des ennemis, il se brûle la cervelle, préférant la mort à la honte de rendre les armes. Nous gardons cependant notre passage sur la Sambre, mais tout est à recommencer. Nous marchons toute la nuit, malgré la pluie et le mauvais temps continuel.

Au petit jour, nous nous trouvons devant une assez forte éminence garnie de ronces et d'épines. Il pleut toujours à flots. Nos minces manteaux blancs, usés par un long usage, laissent passer l'eau qui nous transperce. Nous gravissons une pente très raide et arrivons au sommet de cette éminence, où nous trouvons une patrouille de sept uhlans, qui marchaient tranquillement, enveloppés dans leurs grands manteaux rouges, la courroie de la lance à flamme jaune et noire passée dans le bras. Aussitôt notre adjudant-major, nommé Scherer, crie au premier : « Qui vive ? » Il répond dans sa langue : « *Ver da !* » L'adjudant lui dit : « Prisonnier ! — *Nix* prisonnier. — Rends-toi, coquin ! lui dit-il. — *Nix* coquin ! » Aussitôt le uhlan pique des deux et va rejoindre ses camarades, qui sont restés un peu plus en arrière ; tous les sept s'éloignent au grand galop et passent devant le front de la 127e demi-brigade sans recevoir un coup de fusil, car nos armes ont été tellement mouillées pendant la nuit, qu'elles ne peuvent plus faire feu. Nous continuons notre retraite dans la boue. Enfin, vers midi, trempés jusqu'aux os et sans vivres, nous campons dans un bois de sapins près de la route, où nous n'avons pour couvert que le ciel.

Le 26, nous nous avançons pour nous opposer à la marche de l'armée autrichienne sur les bords de la Sambre. Le combat s'engage par nos tirailleurs d'infanterie tirés des compagnies à tour de rôle ; l'artillerie les seconde du matin au soir avec succès : elle défait des pelotons de cavalerie et démonte plusieurs pièces ; nos obus font sauter des caissons et tuent beaucoup de soldats et de chevaux. Une partie de nos soldats criaient pendant l'engagement : « Venez, soldats de l'aigle impériale, vous ne résisterez pas longtemps à l'ardeur des soldats sans-culottes ! » La perte de notre régiment est nulle dans cette journée : un boulet nous tue seulement deux chevaux. Nous passons la nuit sous les armes.

Le 27, nous prenons position au village de Hantes, sur la Sambre. L'ennemi fait une tentative pour passer dans l'endroit où nous sommes ; mais il ne réussit pas. Le 30, nous nous rendons sur les hauteurs de l'abbaye de Lobbes, qui a été brûlée dernièrement par les Autrichiens.

Le 1er prairial, nous allons attaquer l'ennemi. L'artillerie et les tirailleurs commencent l'action. Fusillade soutenue de midi à la nuit. Le 2, le combat continue. Les Autrichiens se sont retirés dans leurs fortes redoutes, près de Grand-Reng, où le feu dure jusqu'au soir. Journée sanglante pour les deux partis ; nous nous retirons sur les hauteurs, près de Grand-Reng. Nos postes sont établis tout près de ceux de l'ennemi. Nous restons plusieurs jours dans cette position.

Le 5 prairial, au matin, nous n'avions reçu aucun ordre de prendre les armes pour ce jour-là. Ordinairement c'était le matin que les grands coups se faisaient. Nous étions étendus tranquillement, roulés dans nos manteaux, sous de petits brise-vent que nous avions faits avec des branches d'arbres, quand tout à coup nous entendons une forte fusillade suivie des cris : « Aux armes ! l'ennemi ! » qui retentissent de toutes parts.

Presque aussitôt les habits blancs sont sur nous. Les Autrichiens, grâce à un brouillard très épais qui empêchait de découvrir leurs mouvements, viennent de surprendre et d'enlever nos avant-postes. Chacun court se ranger en bataille. Nous sautons en selle sans avoir le temps de paqueter nos manteaux, que nous déposons sur les schabraques.

Déjà l'infanterie ennemie est dans notre camp, et leur cavalerie s'avance à grands pas sur la route de Mons. Par bonheur, une pièce de douze et une de huit se trouvent chargées à mitraille. Nos canonniers y mettent aussitôt le feu et retardent la marche des Autrichiens. Mais ceux-ci nous sont de beaucoup supérieurs en nombre, et malgré notre vigoureuse résistance nous sommes obligés de battre en retraite et de repasser la Sambre par le pont de Sobre.

La 127ᵉ demi-brigade fait l'admiration de tous, amis comme ennemis, en protégeant notre retraite, avec le régiment de cavalerie n° 22. Dans cette affaire, j'ai vu de nos braves soldats, couverts de blessures, rassembler toutes leurs forces au moment de mourir afin d'embrasser cette cocarde tricolore, gage sacré de notre liberté conquise.

Le 7 prairial, dès le point du jour, nous nous mettons en marche et allons bivouaquer au village de Hantes. Comme les vivres sont en retard, nous nous mettons à battre le blé trouvé dans un moulin et faisons du pain. Tous les villages de la contrée sont déserts : les habitants ont fui dans les bois; en revanche, la pluie tombe toujours sans discontinuer.

Le 12, nous allons camper sur les hauteurs de l'abbaye de l'Aune, qui est entièrement dévastée et brûlée.

Houzard de Chamborand (1794).

Le 14, nous passons la Sambre, qui est tout près de notre campement.

Le 15, nous attaquons l'ennemi dès l'aube, et engageons le combat par une forte canonnade. L'ennemi abandonne ses positions : nous nous emparons des hauteurs.

Le 16, le canon se fait entendre au loin, du côté de Charleroi. Bientôt un maréchal des logis de dragons, suivi de douze hommes, se présente à nos avant-postes. Ces braves gens nous annoncent que l'armée des Ardennes, dont ils font partie, vient d'arriver sous les murs de Charleroi. Afin de nous apporter cette heureuse nouvelle, les dragons ont été obligés de passer la Sambre à la nage et de se faire jour à travers la cavalerie autrichienne. Leurs casques sont bosselés, les crinières et les plumets hachés, leurs habits verts à plastrons jaunes noircis de poudre et lacérés par les coups de sabre.

Le 19, nous partons pour Hantes, où nous arrivons, à onze heures du soir, bien fatigués par ces marches continuelles. Depuis quinze jours que nos troupes sont sur la Sambre, elles ont déjà perdu plus de quinze mille hommes et la moitié de leur matériel ; les soldats manquent de vivres et ont le plus grand besoin de repos. Néanmoins il faut marcher encore, il faut marcher toujours.

Le 24, dès l'aube, nous passons la Sambre et campons devant le bourg de Fontaine-l'Évêque.

Le 28, nous levons le camp et attaquons à une heure du matin pour favoriser le siège de Charleroi. L'attaque est vive et s'engage par le feu des tirailleurs. La cavalerie autrichienne, à qui le brouillard empêche de voir nos bataillons embusqués derrière les haies, s'imagine que ces tirailleurs ne sont pas soutenus et les charge à bride abattue. On la laisse approcher jusqu'à demi-portée de fusil. Là elle est reçue par un feu de file bien dirigé, qui couvre le terrain de cadavres d'hommes et de chevaux.

Cette cavalerie fait demi-tour dans le plus grand désordre. La 127e la poursuit au pas de course ; l'infanterie autrichienne veut s'opposer à sa marche, elle est enfoncée à son tour ; rien ne résiste à l'ardeur de cette brave demi-brigade, dont le 1er bataillon a pour emblème sur son drapeau une épée surmontée d'un bonnet de la liberté, avec cette devise : *Huit cents têtes dans un bonnet.* L'ennemi, pour retarder notre poursuite, met en batterie deux pièces qui nous

envoient des boulets et des obus. Un de ces derniers projectiles, en éclatant, tue un tambour et blesse deux soldats de
la 127e. Un de nos houzards, dont le cheval vient d'être
abattu par un éclat du même obus, prend la caisse du
pauvre tambour et bat la charge avec le pommeau de son
sabre. On se précipite à la baïonnette, et les deux canons
ainsi que leurs attelages restent en notre pouvoir.

Le 30 prairial, nous levons le camp à deux heures du
matin et passons la Sambre, pour la cinquième et dernière
fois, à quatre heures. A midi, l'ennemi veut surprendre
deux compagnies de la 127e, qui forment notre extrême
avant-garde. Notre régiment de houzards, qui aperçoit cette
manœuvre, se met en bataille, lorsqu'un éclaireur vient
nous dire que les Autrichiens battent en retraite. Sur-le-
champ on se met en marche pour les poursuivre : leur cavalerie d'arrière-garde veut charger les compagnie de la 127e
pour retarder leur marche, mais elle est reçue par une violente décharge qui la fait bien vite se joindre à la retraite.

L'ennemi, démoralisé, se retire sans opposer de résistance, et nous laisse plusieurs canons et caissons tout attelés. Nos houzards font un grand nombre de prisonniers à
l'infanterie autrichienne.

Cependant une imposante armée ennemie, sous les ordres
du duc de Saxe-Cobourg, s'avance pour débloquer Charleroi. En conséquence Jourdan fait presser le bombardement,
et le 7 messidor, à onze heures du matin, cette place se
rend à discrétion, nous livrant quatre-vingts bouches à feu
et de nombreux magasins. La garnison autrichienne, forte
de trois mille hommes, vient à peine de défiler devant nous,
quand le bruit du canon lui annonce l'arrivée d'un secours
désormais inutile, et doit lui rendre encore plus amère la

perte de sa liberté et des remparts qu'elle était chargée de défendre. Le canon qui s'est fait entendre est, en effet, celui du prince de Cobourg, qui est arrivé pour voir capituler la ville qu'il devait débloquer. Il espère effacer cet échec par une victoire, et vient nous présenter la bataille.

Jourdan, supposant aux ennemis des forces supérieures, juge prudent de les attendre dans ses lignes de Charleroi à Fleurus, sur le même champ de bataille où un siècle auparavant une autre coalition a été brisée par l'épée des généraux de Louis XIV. Ces lignes offrent la forme d'un croissant de près de dix lieues d'étendue, et dont les deux ailes sont appuyées à la Sambre. Kléber occupe la gauche, Marceau la droite, Lefebvre et Championnet le centre.

Le 8 messidor (26 juin), un peu avant l'aurore, nous nous réveillons aux sons de la diane et prenons rapidement les armes. Les premières lueurs du jour éclairent notre armée rangée en bataille. L'aspect de nos bataillons et escadrons est magnifique, avec les figures pâles et hâlées de nos soldats, empreintes d'une fierté menaçante, leurs vêtements déguenillés, leurs chapeaux déformés.

En attendant le moment d'engager l'action, nous avons mis pied à terre en avant de nos chevaux, la bride passée dans le bras droit. Notre régiment est presque entièrement composé de vieux soldats, le teint halé et couturé de cicatrices : de chaque côté de leur front pendent de longues cadenettes nattées et garnies à leur extrémité de petits morceaux de plomb en forme de croissant, afin de faire tomber la cadenette plus droite. Beaucoup portent aux oreilles de larges anneaux d'or. Nos pauvres pelisses et dolmans marron (couleur des *Chamborand*), à tresses blanches, nos culottes bleu de ciel se sont usés, fanés à la pluie et aux feux de bivouac. Nos schabraques en peau de mouton sont chauves en bien des endroits. Les shakos de feutre, en forme de cône tronqué et autour desquels est enroulée une flamme bleu de ciel, sont enfoncés et aplatis; une couche épaisse de vert-de-gris couvre le fourreau de cuivre de nos bancals. N'importe, le bras est solide, et le sabre bien affilé ne demande qu'à tailler.

Tout à coup nos trompettes sonnent à cheval. En un clin d'œil nous sommes en selle, la lame au clair et appuyée à l'épaule droite. Un nombreux état-major se dirige sur nous au galop. En avant, sur un magnifique cheval noir, un jeune repré-

Les aérostiers militaires du capitaine Coutelle.

sentant du peuple dont le chapeau rond est orné d'un haut panache tricolore. C'est Saint-Just. A ses côtés sont Kléber et Marceau.

Jourdan les rejoint devant le front de notre régiment. Son attitude est calme et résolue.

« Eh bien! citoyen général, interroge Saint-Just, l'armée est-elle prête? — Oui, citoyen représentant. — Alors fais donner le signal de la bataille. » Les trois généraux se serrent la main et courent à bride abattue rejoindre leurs troupes.

A ce moment le premier rayon de soleil, s'échappant d'un nuage d'or, dissipe les derniers flocons du brouillard et vient éclairer en face de nous les longues colonnes blanches et bleues de l'armée de Cobourg. Des généraux d'élite commandent nos adversaires. Ce sont l'intrépide et habile Clairfayt, le jeune et brillant prince d'Orange, l'archiduc Charles, qui commence là sa glorieuse carrière des combats, Beaulieu et Kaunitz.

L'action s'engage par une violente canonnade. Les colonnes ennemies marchent à nous avec une extrême résolution. Des nuées de tirailleurs à pied et à cheval les harcèlent sans relâche, échappant aux masses autrichiennes par leur vélocité, et à l'effet du canon par leur éparpillement.

Néanmoins les colonnes de Cobourg avancent toujours. Nos batteries d'artillerie volante accourent au galop et les mitraillent à brûle-pourpoint; en même temps une première ligne de cavalerie, composée de dragons et de carabiniers, se précipitent à bride abattue. Les Autrichiens sont refoulés, mais, soutenus par de puissantes réserves, ils reviennent bientôt à la charge. De nombreuses batteries se démasquent sur tous les points de l'horizon. Notre régiment, placé en réserve à l'aile droite, reste d'abord immobile sans prendre part à l'action. Les canonniers autrichiens aperçoivent bientôt nos pelisses marron, et nous accablent de leurs feux.

A notre gauche et au centre, nos lignes de feux avancent rapidement; une montgolfière dirigée par la compagnie d'aérostiers militaires du capitaine Coutelle s'élève majestueusement dans les airs et plane sur les positions des Autrichiens, dont elle signale tous les mouvements. Ceux-ci, furieux, tirent à toute volée sur cet aérostat, mais sans pouvoir l'atteindre.

Sur la droite, où nous sommes, l'aspect des choses est malheureusement moins favorable. Beaulieu, à la tête de forces écrasantes, tourne les retranchements du bois de

Copiaux et force l'infanterie de Marceau à se replier sur le village de Lambusart, poste contigu à la Sambre. Nos fantassins, le chapeau rejeté en arrière du front ruisselant de sueur, le col de l'habit dégrafé, les mains et le visage noirs de poudre, se retirent lentement, se retournant à chaque pas pour lâcher un coup de feu.

Tout à coup nous entendons de grands hourras ; un flot de soldats en désordre se jettent dans les jambes de nos chevaux. Ce sont les cuirassiers d'Albrecht qui viennent d'enfoncer et de sabrer une de nos demi-brigades. L'œil en feu, Marceau se précipite vers nous : « En avant les *Chamborand !* nous crie-t-il, sauvez vos frères qu'on égorge ! » Nous partons aussitôt comme un torrent et tombons sur les cuirassiers, qui se sont dispersés pour achever nos malheureux fantassins.

Au milieu de la mêlée nous apercevons le brave colonel de cette demi-brigade enveloppé par de nombreux Autrichiens, qui le hachent à coups de sabre. Nous nous précipitons sur eux et parvenons à l'arracher tout mutilé de leurs mains. Il respire encore...; ses doigts sont coupés et pendants ; tout son corps n'est qu'une blessure. « Camarades, nous dit-il d'une voix mourante, mais qui annonce encore l'énergie de son âme, ne me laissez pas mourir à cette place ; ce serait une honte pour vous d'abandonner même mon cadavre aux ennemis de la république. » Cette prière est entendue ; nous le chargeons sur le cheval d'un cuirassier tué et le ramenons dans nos lignes, où il rend du moins le dernier soupir sous le drapeau tricolore.

Malheureusement le prince Charles arrive avec de nouvelles colonnes. Vainement Marceau déploie-t-il une valeur héroïque ; ses troupes, accablées par des forces supérieures et vivement chargées par la cavalerie, lâchent pied, et dans un complet désordre repassent la Sambre aux ponts de Tamine et de Ternier, à l'exception de quelques bataillons, qui, se serrant autour de leur chef, se maintiennent dans les haies. L'adjudant commandant Soult, envoyé par Lefebvre pour s'assurer de la situation de notre droite, arrive sur notre régiment, qui a été entraîné dans le mouvement de retraite. « Vingt houzards de bonne volonté, nous crie-t-il, pour me servir d'escorte! » Sur l'ordre du colonel, je sors des rangs avec mon peloton et me range derrière son aide de camp et ses deux ordonnances. « En avant! » nous crie-t-il. Nous traversons au galop la distance qui nous sépare de Lambusart, tout en faisant le coup de sabre et le coup de pistolet avec les cavaliers ennemis, et rejoignons Marceau entre les bois de Lépinoy et le hameau de Boulet, au moment où les ennemis vont l'entourer. Il les défie, et dans son désespoir il veut se faire tuer pour effacer la honte de ses troupes.

Soult l'arrête : « Tu veux mourir, lui dit-il, et tes soldats se déshonorent : va les chercher et reviens vaincre avec eux! En attendant nous garderons ta position à droite de Lambusart. — Oui, je t'entends, s'écrie Marceau, c'est le chemin de l'honneur! J'y cours; avant peu je serai à vos côtés. » Au même instant la charge retentit derrière nous; ce sont trois bataillons de la division Lefebvre et trois autres appartenant à celle du général Hatry qui accourent, la baïonnette croisée. De son côté, Marceau réunit et ramène ses soldats. Les *Chamborand* arrivent les premiers sous leur étendard bleu frangé d'argent, avec ces mots : *Liberté, Égalité, Discipline, Vigilance, Subordination.*

Beaulieu, voyant qu'il ne peut pénétrer plus avant, se jette sur la droite, et, se réunissant à une forte colonne qui sort de Fleurus, attaque notre camp retranché.

Ne pouvant tourner ces retranchements, le général autrichien les aborde de front. Trois fois ses troupes arrivent jusqu'à portée de pistolet; trois fois la mitraille et la mousqueterie jonchent la terre de morts. Aussitôt que l'ennemi tourne le dos, il est chargé en queue par nos escadrons, qui débouchent des lignes au moyen des passages qu'on y a ménagés. Le carnage est horrible; l'opiniâtreté, égale des deux côtés. La plupart des canons

Pas de quartier.

sont démontés; des monceaux de cadavres comblent les retranchements; les attaques de l'ennemi se renouvellent sans cesse avec une extrême vivacité.

Rien n'est capable d'intimider nos soldats, dont l'enthousiasme va croissant avec le danger; aussi tout ce qui vient se heurter contre eux est brisé. Les feux croisés des deux artilleries incendient les champs de blé en maturité qui couvrent la campagne, ainsi que les baraques de notre camp. Les troupes combattent alors dans une plaine de feu, au milieu des flammes et des tourbillons de fumée. On ne sait où se placer pour éviter l'incendie, mais nous sommes bien déterminés à ne sortir que victorieux de ce volcan.

L'explosion soudaine de plusieurs caissons remplis de

poudre, qui jonchent la terre de sanglants débris, désorganise et terrifie nos soldats. Jourdan est au milieu d'eux, exposé comme eux, et les encourageant par son exemple. Quelques voix demandent la retraite. « La retraite! s'écrie le général en chef; point de retraite aujourd'hui, la mort ou la victoire! » Alors, au lieu de ce cri de retraite qui se répandait déjà dans les rangs et y portait le trouble, des milliers de voix répètent avec enthousiasme les paroles héroïques de Jourdan : « La mort ou la victoire! »

La confiance et le courage reviennent. Les généraux profitent de ce nouvel élan. Lefebvre, derrière la fumée qui le couvre et dérobe ses mouvements à l'ennemi, se porte rapidement sur Lambusart avec la 80e demi-brigade, tandis que Marceau s'avance contre les bois, à droite de ce village.

L'ennemi aperçoit enfin nos colonnes, et les accable d'une grêle de balles et de boulets. Nos soldats entonnent alors l'hymne de la victoire. Les généraux mettent sur la pointe de leurs sabres leurs chapeaux surmontés du panache tricolore, pour être vus de loin et servir de ralliement aux braves. On prend le pas de course; les premiers rangs croisent la baïonnette, les tambours battent la charge, l'air retentit des cris mille et mille fois répétés : « En avant!... en avant!... Vive la nation! »

Le lieutenant Blondel, de la 41e demi-brigade, arrive le premier au pied des retranchements de Lambusart. Il se retourne vers ses soldats, le sabre haut : « Qui m'aime me suive! s'écrie-t-il. Camarades, à la baïonnette! il n'y a rien de tel pour faire trembler ces gens-là. » En prononçant ces mots il monte sur le parapet, franchit le fossé et se précipite avec sa troupe sur les Hongrois, qui se retirent dans le plus grand désordre. Atteint de plusieurs balles, l'intrépide

Blondel expire peu d'instants après. Lambusart est repris.
Quinze pièces de canon de tout calibre tombent entre nos
mains.

Il faut achever la victoire. Jourdan lance toute notre cavalerie en avant. Les 4e, 6e, 8e et 10e régiments de grosse cavalerie, les 10e et 11e dragons, les 6e, 9e et 19e chasseurs, le
2e houzards partent au galop et culbutent l'infanterie autrichienne ; la cavalerie des alliés fond à son tour sur nos escadrons. Mille combats à l'arme blanche s'engagent alors de
tous côtés. Tous les corps sont mêlés, confondus.

Il est six heures du soir. Beaulieu, qui dans cette journée
a montré tous les talents d'un général et tout le courage d'un
soldat, voyant ses efforts inutiles et certain de la reddition
de Charleroi, reçoit du prince de Cobourg l'ordre de se retirer sous Sombref et Gembloux et y obéit en frémissant.
A sept heures, le combat, qui a déjà cessé aux ailes, se ter-
mine au centre sans qu'on poursuive les ennemis. Épuisés
de fatigue et de besoin, nous pouvons à peine nous tenir
debout ; en outre, nos munitions sont entièrement épuisées.
Il est impossible de continuer la poursuite, quelques avan-
tages que nous puissions recueillir ; officiers et soldats, tous
s'écrient : « Un pont d'or à l'ennemi qui s'en va ! » Et l'on
nous donne un repos indispensable.

Le lendemain, il n'y a pas de mouvement ; il faut se
remettre d'une pareille journée et ramasser les débris qui
couvrent le champ de bataille. On compte les pertes : les
nôtres s'élèvent à près de cinq mille hommes hors de combat, et par le nombre des morts on évalue celles de l'ennemi
à plus du double. Nous avons en outre fait environ trois
mille prisonniers. Parmi ceux-ci il se trouve des Français,
faisant partie du régiment *Royal-Allemand* et de celui de

Berchiny-houzards, auxquels est applicable la loi rendue
contre les émigrés pris les armes à la main. Pas un soldat
n'a la pensée qu'il soit possible de livrer à l'échafaud ceux
que nous venons de combattre face à face. Pendant la nuit,
nous leur facilitons les moyens de s'échapper, en nous bor-
nant à leur dire d'aller ailleurs expier l'erreur de s'être armés
contre leur patrie; plusieurs revinrent plus tard se placer
dans nos rangs.

Cette victoire de Fleurus répandit en France une allégresse
générale, et eut en Europe un immense retentissement. Elle
délivra pour longtemps notre pays de la crainte d'une invasion. Nos frontières de Flandre furent assurées de la paix
pour plus de vingt ans, et la guerre fut dès lors portée sur
le sol étranger. La conquête de la Belgique fut la conséquence
immédiate de cette glorieuse journée, et, le 23 messidor, les
deux armées de Sambre-et-Meuse et du Nord se réunissaient
à Bruxelles, où elles firent leur entrée, saluées par les plus
vifs applaudissements des Belges, qui faisaient entendre les
cris de : « Vivent les soldats français ! »

ARCOLE

(15, 16, 17 novembre 1796)

PAR UN GRENADIER DE LA 32ᵉ DEMI-BRIGADE DE LIGNE

En novembre 1796, l'Autriche, frappée de stupeur, ne savait à quoi attribuer ses désastres en Italie. Les dernières défaites essuyées par ses armées lui découvrirent la grandeur du péril où elle se trouvait en face d'un adversaire tel que Bonaparte. Elle résolut de faire de nouveaux et plus vigoureux efforts. Grâce aux succès de l'archiduc Charles sur le Rhin, elle tira une division de cette armée, fit venir des troupes des frontières de Pologne et de Turquie, et avec les débris des armées vaincues par Bonaparte forma dans le Frioul une quatrième armée, forte de soixante mille hommes.

Le commandement en fut confié au feld-maréchal baron d'Alvinzy, magnat hongrois, septuagénaire comme ses devanciers, renommé à cause de ses connaissances théoriques, de ses guerres contre les Turcs et de sa campagne dans les Flandres en 1794.

On espère enfin que cette nouvelle armée parviendra à détruire ou à rejeter vers les Alpes cet infatigable et prodigieux capitaine, qui depuis six mois, avec une poignée de soldats, règle les destinées de l'Italie et a déjà remporté les

3

victoires de Montenotte, Millesimo, Dego, Mondovi, Lodi, Lonato, Castiglione, Roveredo, Bassano et Saint-Georges.

De son côté, Bonaparte réorganise son armée, décimée par le feu, les fatigues et les maladies, durant ces luttes sans cesse renaissantes. Il demande à grands cris des renforts, qui n'arrivent pas ou qui n'arrivent que lentement. Depuis qu'il fait la guerre en Italie, il n'a reçu que neuf mille hommes de troupes nouvelles, et il en a perdu la moitié au moins. Il lui reste à peine trente et quelques mille hommes, mais cette armée d'Italie est la meilleure armée du monde.

Formée des premiers contingents versés dans les vieux cadres des régiments royaux, de bataillons de volontaires du Midi et des réquisitionnaires de 1793, tous chauds patriotes, tous ardents d'imagination, tous aventureux comme les hommes que brûle le soleil, cette armée est merveilleusement propre aux entreprises les plus hardies. Depuis quatre années elle a soutenu une guerre de postes sur le versant méridional des Alpes maritimes et des Apennins, sol tourmenté, abrupt, hérissé de rochers, coupé de précipices et souvent couvert de neige. L'agilité, la bravoure du soldat français se jouent de tous ces obstacles. Il s'engage intrépidement dans les montagnes, s'enfonce dans les gorges, les fouille, les pénètre dans tous les sens, traverse les glaces et les neiges et finit toujours par débusquer l'ennemi.

Les dangers, les souffrances, la misère, n'ont nullement éteint notre enthousiasme. Aucun de nous ne songe à se plaindre de ce que la nation laisse l'armée manquer de subsistances, de solde et de vêtements. Point de discipline du reste, mais une sorte de fraternité d'opinion et de langage qui lie. Point de tenue, des vêtements en lambeaux, des

pantalons en guenilles, des chapeaux usés, déchirés, rem-
placés souvent par un vieux mouchoir; des chaussures en
tresses de paille, comme à l'armée du Nord, ou en lisière,
comme les chasseurs des Alpes, pour faciliter l'escalade des
rochers. Et tous ces soldats, aux traits fortement accentués
comme les méridionaux, au visage mobile, aux yeux pleins
d'éclat sous le soleil, tous ces
soldats sont jeunes; à peine
distingue-t-on parmi eux
quelques vieux au front che-
nu, comme à l'armée de Sambre-et-Meuse.

Bonaparte, notre jeune
commandant en chef, est à
peine âgé de vingt-sept ans.
Carnot seul a deviné la portée
du génie de cet homme extraordinaire, et n'a pas craint
de lui confier les destinées

Soldats de la 32ᵉ demi-brigade (1796).

de cette armée. Il est maigre et petit; à peine distingue-t-on
sous ses longs cheveux noirs son visage pâle et romain, son
œil ardent et fixe. A première vue il manque peut-être
d'apparence: mais qu'il vienne à parler aux troupes ou que
la bataille s'engage, ses traits caractérisés s'animent, son
regard dominateur lance des éclairs, et ses accents soulèvent et entraînent nos bataillons comme un seul homme.
Le soir de la bataille du pont de Lodi, les grenadiers de
notre régiment se sont réunis et ont à l'unanimité proclamé
notre jeune général en chef caporal : le *petit caporal,* nom
qui est bientôt devenu proverbial dans toute l'armée.

Les principaux généraux divisionnaires d'infanterie sont

Augereau, Masséna et Serrurier : les deux premiers redoutables par une indomptable fougue, le troisième plus mûri
par l'âge, plus méthodique et non moins fortement trempé.

Au premier rang brille Masséna, originaire du comté de
Nice, âgé de trente-huit ans ; longtemps soldat, puis sous-
officier dans le régiment *Royal-Italien*, il a quitté le service
en 1789, désespérant d'être jamais promu sous-lieutenant ;
la Révolution l'y rappelle ; 91 le fait adjudant-major du
2º bataillon de volontaires du Var ; 93 le fait général de brigade, et presque aussitôt général de division. Il a pris part
à tout ce qui s'est passé de mémorable à l'armée d'Italie.
Sa fougue, sa ténacité indomptable, son esprit inculte, mais
précis et lumineux au milieu du danger, son intelligence de
la guerre de montagne, son art d'enlever le soldat, se sont
signalés surtout à Lonato, où il aurait anéanti l'armée impériale si le général en chef, Schérer, eût suivi ses progrès
d'un œil attentif et les eût secondés.

Après lui vient Augereau, plus âgé d'un an ; né à Paris,
d'une famille d'ouvriers, enfant du faubourg Saint-Antoine,
longtemps sous-officier aussi au régiment de carabiniers de
Poyanne, ancien maître d'armes, et envoyé en Italie pour
l'instruction des troupes napolitaines, il a servi d'abord en
Vendée, puis aux Pyrénées-Orientales, où il est devenu général
de division. Schérer l'a amené d'Espagne, et il peut reven-
diquer une part de la gloire de Loano. D'un esprit moins
vaste que son collègue, moins apte aux opérations straté-
giques, nul ne le surpasse comme tacticien ; il sait merveilleusement, sur le champ de bataille, manier l'infanterie et
faire l'emploi des diverses armes.

Serrurier, âgé de cinquante-quatre ans, major, puis colonel
de l'ancien régime, officier de la guerre de Sept ans, est resté

ce qu'il a toujours été, sévère, exact, compassé et rigide observateur de la discipline.

Kilmaine dirige la cavalerie. Irlandais de nation, âgé de quarante-deux ans, illustré par la guerre d'Amérique et par une habile retraite dans le Nord, il n'est pas inférieur en talents à ses collègues; mais sa froideur, sa réserve habituelle, son origine étrangère, le mettent moins en rapport avec l'entrain du soldat, et il n'est point comme eux employé à ces actions brillantes où il est nécessaire de l'enthousiasmer.

Le chef d'état-major Berthier, doué d'un imperturbable sang-froid, d'une prodigieuse mémoire, exact, régulier, travailleur infatigable, réunit au plus haut point les qualités de son emploi.

Parmi les jeunes généraux de brigade et officiers supérieurs citons : le fougueux Joubert, si brave, et qui doit si peu vivre; Lannes, destiné à participer aux plus belles victoires de l'empire et à tomber avant son déclin; Dallemagne, que le délabrement de sa santé réserve aux honneurs de la magistrature; Murat, Louis Bonaparte, Bessières, Brune, Suchet, Victor, Marmont, Reille, Junot, non encore rétabli de la grave blessure qu'il a reçue à Desenzano en tuant de sa propre main six uhlans; Leclerc, Kellermann fils, etc. Pour donner une idée de la nombreuse pléiade de héros que renferme cette armée d'Italie, il suffira de dire qu'au début de la guerre notre 32e demi-brigade renfermait, dans les corps dont elle avait été formée, deux futurs maréchaux (Masséna, Serrurier), sept généraux de division et deux généraux de brigade.

Le 1er novembre 1796, les soixante mille Autrichiens d'Alvinzy se mettent en mouvement, passent le Tagliamento et la Piave, et s'avancent, le 4 novembre, sur la Brenta, en deux colonnes qui doivent se réunir sous Vérone, et marcher ensuite de concert vers Mantoue pour débloquer Wurmser.

L'armée d'Italie semble perdue; toute la Péninsule derrière est soulevée, et cette fois l'ennemi n'avance qu'avec prudence. La première colonne, forte d'une quarantaine de mille hommes et conduite par Alvinzy, vient occuper, en face de Vérone, la forte position de Caldiero, tandis que la seconde, composée de vingt mille hommes, sous les ordres de Davidovitch, descend par Rivoli pour se joindre à la première sous Vérone.

Vaubois, avec une poignée de soldats, essaye, mais en vain, de s'opposer à la marche de Davidovitch : il faut reculer, il faut évacuer Trente, il faut se blottir dans le défilé de Caliano. Dans cette retraite précipitée, deux compagnies de grenadiers de la 39ᵉ sont entourées et hésitent un moment sur le parti à prendre. « Point d'hésitation, s'écrie le capitaine, depuis général Maucune, il faut se faire jour ! » On l'applaudit, on part, on s'ouvre un chemin sanglant au travers des colonnes ennemies, on arrive près de l'entrée du défilé, où l'on est toutefois séparé du corps français par la nuit profonde qui fond sur lui; un nouvel élan triomphe de l'obstacle; on charge, on rompt les assaillants, et la petite troupe, exaltée par sa victoire, apporte un surcroît de force à la défense. Elle est intrépide. Pendant toute une journée les Impériaux se brisent contre cette formidable position et vont se mettre en retraite, quand le bruit se répand tout à coup, dans les rangs de la 85ᵉ et de la 39ᵉ, que les uhlans ont passé l'Adige au-dessous du défilé; on croit la retraite coupée, on est saisi d'une terreur panique, on se débande, on ne s'arrête qu'autour de Rivoli.

Instruit de cette échauffourée, Bonaparte y court aussitôt

à toute bride, rassemble la division Vaubois et témoigne
énergiquement son mécontentement : « Soldats, dit-il, je ne
suis pas content de vous; vous n'avez montré ni discipline,
ni constance, ni bravoure; aucune position n'a pu vous
rallier; vous vous
êtes abandonnés
à une terreur
panique; vous
vous êtes laissé
chasser de posi-
tions où une poi-
gnée de braves
devait arrêter
une armée. Sol-
dats de la 39° et
de la 85e, vous
n'êtes pas des

La marche sur Arcole.

soldats français ! — Général chef d'état-major, ajoute-t-il
d'une voix éclatante en s'adressant à Berthier, faites écrire
sur leurs drapeaux : *Ils ne sont plus de l'armée d'Italie.* »
Ces paroles poignantes, ces reproches amers et mérités vont
au cœur des soldats. Ils demandent aussitôt à être conduits
à l'ennemi, à être placés à l'avant-garde; ils jurent de vaincre
ou de mourir pour réparer leur conduite. Bonaparte, qui
s'attendait à cet honorable élan, est assuré désormais que la
route de Vérone sera vigoureusement défendue de ce côté;
reste à contenir, à repousser Alvinzy.

Le 11, au matin, une vive fusillade éclate dans la plaine,
en avant de Vérone. Nous prenons aussitôt les armes et courons rapidement aux remparts. Dans les mûriers s'élèvent de
nombreux flocons de fumée. C'est une forte reconnaissance

qu'Alvinzy a envoyée jusqu'aux glacis du faubourg pour tâter le terrain, car ce général croit fermement que nous allons évacuer la place. A trois heures du soir, les deux divisions Augereau et Masséna, conduites par Bonaparte, sortent de Vérone et refoulent devant elles les Impériaux.

Le 12 au matin, nous nous trouvons au pied des positions ennemies, qui occupent un front de trois kilomètres, sur le mont Caldiero, et sont couvertes de batteries épaulées. Au point du jour nous montons rapidement à l'assaut, et enlevons tout d'abord deux cents prisonniers et cinq pièces de canon. Malheureusement le temps est affreux. Il tombe à torrents une pluie glaciale, que le vent du nord transforme bientôt en grésil et nous fouette au visage. L'eau et la neige ne cessent pas de détremper le sol. Transis de froid et accablés de fatigue, nous finissons par perdre le terrain conquis avec tant de peine et rentrons dans Vérone, protégés par notre artillerie, qui tonne jusqu'au soir, et par la 75e demi-brigade, qui forme l'extrême arrière-garde. L'ennemi nous suit à distance et pousse ses avant-postes jusqu'à Saint-Michel, village situé sur un pli de l'Adige, à deux kilomètres des glacis. A la tombée de la nuit nous entendons de joyeux hourras retentir dans ses bivouacs : Alvinzy célèbre sans doute par avance sa future victoire.

Tout, en effet, semble perdu pour nous. Les partisans de l'Autriche triomphent et croient toucher à l'heure où les Français vont expier tant de victoires. L'armée est dans l'anxiété. La confiance qu'elle a dans son jeune général ne l'a point abandonnée, mais nous attendons impatiemment l'ordre du jour qui doit faire connaître ses instructions et pressentir ses projets.

La journée du 14 novembre s'écoule, et l'ordre du jour

n'annonce rien. L'émotion est à son comble. Nous avons vu la veille notre général rentrer dans Vérone, sombre et découragé; aussi passons-nous les deux longues journées du 13 et du 14 dans une extrême anxiété. Les blessés qui souffrent encore, les malades, dévorés par la fièvre, sortent des hôpitaux en apprenant le danger de l'armée et viennent reprendre leur place dans nos rangs.

Enfin, le 14 au soir, le tambour bat. Les deux divisions Masséna et Augereau, réunies au camp de Vérone et présentant, avec la réserve de cavalerie, un effectif de treize mille hommes, prennent les armes, tandis que Kilmaine reste à la garde de la ville avec deux mille hommes environ.

L'ordre de départ est donné. A la grande surprise des habitants et de la troupe, nous devons sortir par la porte de Milan : c'est la route de France, la route de la retraite. Aussi longtemps que l'on défile dans les rues de Vérone, nous marchons saisis d'une émotion douloureuse, avec le silence et l'anxiété qui caractérisent une retraite. Quelques habitants dévoués à la France regardent, le cœur serré, la marche rétrograde de ces soldats qui emportent avec eux toutes les espérances d'avenir et de liberté. La nuit ajoute encore à la tristesse de ce départ, qu'on croit commandé par l'échec de Caldiero. « Bonaparte abandonne donc la partie! disons-nous dans les rangs. On abandonne donc l'Adige, on livre donc aux généraux victorieux le Mantouan, le Milanais, l'Italie! »

Mais bientôt ces cruelles réflexions vont faire place à l'espérance. A peine a-t-elle franchi la porte de Milan, que notre tête de colonne, au lieu de suivre la route de Peschiera, tourne brusquement à gauche et descend en longeant l'Adige jusqu'au Ronco, où nos pontonniers, suivant les instructions du général en chef, achèvent de jeter un pont de bateaux. A cette vue la confiance renaît dans tous les cœurs et en chasse le désespoir. Les soldats battent des mains : ils ont compris que le génie de leur jeune général a trouvé un moyen de vaincre l'ennemi, et leur marche si tristement commencée s'achève avec confiance et gaieté.

Dans cette nuit mémorable du 12 au 13 novembre, au retour de l'échec de Caldiero, Bonaparte, cet homme si fort, s'est d'abord abandonné au désespoir : cette conquête de l'Italie, si rapidement accomplie, si glorieusement défendue, va lui être ravie; sa fortune, si éclatante au début, va être voilée par une défaite; qui sait si l'envie ne lui disputera pas jusqu'au privilège de ses victoires passées!

Tout à coup son visage s'enflamme; un éclair de génie a traversé sa pensée; il a trouvé une nouvelle combinaison qui va lui assurer la victoire. On n'a pas pu enlever de front ni tourner par la droite les hauteurs de Caldiero; Bonaparte les tournera par la gauche. Les Impériaux sont flanqués de ce côté par un vaste marais qui s'étend entre l'Alpone, l'Adige et les montagnes, et est traversé par deux étroites chaussées remontant à Vérone, l'une à gauche par Porcile et Combiano, l'autre à droite par le village d'Arcole. Dans cette position, où l'espace manque pour se déployer et où les têtes de colonnes seules peuvent se heurter, la valeur doit l'emporter sur le nombre. Bien plus, si Alvinzy marche sur Vérone, où Kilmaine est resté, comme on le sait, avec deux mille hommes, Bonaparte peut s'attacher à ses pas, le prendre en queue et l'acculer aux remparts; si le généralissime autrichien revient sur ses réserves, il les trouve enlevées, sa retraite est coupée, on l'enferme entre l'Alpone et le fleuve.

L'armée, frappée de cette admirable combinaison, franchit avec ardeur le pont du Ronco, et au point du jour se trouve tout entière sur la rive gauche de l'Adige. Augereau, passant le premier, prend à la Zerpa la digue de droite, qui mène directement à Arcole, tandis que Masséna le suit de près sur

Le général Bonaparte sur le pont d'Arcole (15 novembre 1796).

la chaussée de gauche, et se dirige sur Porcile. La réserve de cavalerie, de seize à dix-sept cents chevaux, commandée par le général Beauvoir, reste en bataille sur la rive droite de l'Adige, prête à passer suivant les circonstances.

C'est Augereau qui, en poussant jusqu'à Villanova, doit porter le coup décisif; il faut préalablement qu'à l'extrémité de la digue il tourne à droite et traverse le pont, puis le village d'Arcole.

Ce petit pont en bois, long de trente pieds, ce petit village, jusque-là bien ignorés, et dont le nom est impérissable, sont l'occasion d'un combat de géants.

Nos trois brigades, que dirige Augereau, sont conduites par trois des plus braves généraux, Bon, Verdier et Lannes, car il s'agit de payer d'exemple; les soldats contemplent avec attendrissement le dernier, convalescent encore et pâle de la blessure qu'il a reçue à Governolo. Nos bataillons, en serpentant, disparaissent derrière les saules dont le revers des digues est planté; les tirailleurs s'avancent rapidement, le chapeau de feutre enfoncé sur la nuque, le sabre briquet battant les longues basques de l'habit, et arrivent ainsi, sans être aperçus, jusqu'au pont d'Arcole. Au moment où nos troupiers débouchent sur le pont, ils en aperçoivent l'extrémité barricadée par des planches et des tonneaux; en même temps une violente fusillade éclate sur ce point, accompagnée de hourras sauvages.

Deux régiments de Croates ont fortifié la tête de ce pont, crénelé les maisons d'Arcole, et reçu notre tête de colonne par un feu meurtrier qui l'arrête tout net. Nous accourons, l'arme prête; déjà de nombreux camarades, tués ou blessés, rougissent de leur sang le talus de la digue. Le feu est infernal; les Croates tiennent des Orientaux, dont la ténacité derrière des murailles passe toute expression; habitués d'ailleurs dès l'enfance à manier les armes, ils tirent avec une rare justesse. Placés comme ils le sont, ils frappent à coup sûr, presque à bout portant, et visent aux grosses épaulettes.

Les premières décharges mettent hors de combat Bon et nombre d'officiers. Augereau tente alors de manœuvrer pour envelopper le village; plusieurs compagnies se jettent dans l'Alpone, abordent l'autre rive et incendient plusieurs maisons. Vaine diversion. Lannes se précipite devant notre demi-brigade : « En avant, la 32e ! » s'écrie-t-il ; les tambours battent la charge, on s'avance hardiment dans un ordre admirable, ayant la baïonnette croisée, jusqu'au milieu du pont. Nous apercevons derrière la barricade les uniformes bleus et les bonnets fourrés des Croates, ainsi que les manteaux rouges des tirailleurs styriens, armés de courtes carabines à crosse recourbée.

Le feu ennemi, à ce moment, redouble de violence. Lannes reçoit bientôt deux nouvelles blessures et est emporté à bras, tandis que nous reculons en désordre et courons nous blottir derrière le revers à gauche, d'où nous rendons aux Croates balles pour balles. Deux nouveaux bataillons surviennent et nous dépassent ; nous les voyons, entraînés par le général Verne, s'engager sur le pont. Voulant donner à sa troupe une belle attitude militaire, et la pointe de l'épée en l'air, ce vaillant officier crie : « A droite ! » Comme il prononce ce mot, un boulet tue son cheval, et lui, sans que l'interruption soit sensible, sans que son arme vacille, sans que sa voix trahisse la moindre émotion, achève : « Alignement ! » Les soldats électrisés vont franchir la barricade, quand une nouvelle pluie de mitraille s'abat sur eux, les écrase, les décime : le brave Verne est mortellement atteint, et ses hommes sont ramenés.

Indigné de ce mouvement rétrograde, Augereau s'élance au-devant d'eux, saisit un drapeau, l'agite et fait appel aux plus braves ; son exemple, son sang-froid, celui de son état-major à s'exposer sur la digue au feu qui redouble, raniment les courages : on le suit à peu de distance du terrible pont ; mais le feu de l'ennemi est si violent, que les premiers pelotons, à peine arrivés, sont écrasés. Les soldats lâchent encore pied et abandonnent Augereau pour se replacer derrière le terrassement et tirailler à couvert.

Tout à coup des cris de : « Vive la nation! Vive Bonaparte! » éclatent dans les rangs. Notre général en chef accourt au galop sur la digue et va de sa personne tenter un dernier effort. Derrière lui marchent ses guides d'escorte, coiffés du kolbach à haut plumet, vêtus de l'habit vert, du gilet à tresses rouges et de la culotte de peau jaunâtre. Ces cavaliers d'élite ont été organisés par Bessières peu après la surprise du 30 mai 1796, où Bonaparte a failli être enlevé par des coureurs ennemis.

La présence du général en chef ranime le courage de nos soldats et excite leur enthousiasme : « Hé quoi! soldats, leur crie-t-il, vous reculez? N'êtes-vous plus les braves de Lodi?» Les acclamations redoublent à ces mots : « En avant! en avant!» crient des milliers de voix furieuses.

Sautant à bas de son cheval, Bonaparte saisit un drapeau, et court vers le pont en criant : « Suivez votre général! » La charge retentit de nouveau : nous nous élançons une troisième fois, nos grenadiers en tête. Les hauts bonnets à poil à panaches flottants de plumes rouges plongent dans la fumée. Le sergent de grenadiers Aune, qui à Mentenotte a sauvé la vie à deux généraux, pris un drapeau et a été nommé pour ces actions d'éclat second grenadier de France (la Tour d'Auvergne est le premier), entraîne ses camarades.

Le général Lannes, qui était étendu sanglant à l'ambulance après avoir reçu ses deux premières blessures, a appris que Bonaparte se portait lui-même à la tête de la colonne; il s'est jeté aussitôt à bas de son lit, est monté à cheval et est venu le retrouver. Le pont est à moitié franchi; mais le feu habilement dirigé des Croates, augmentés par de nouvelles troupes, arrête encore de nouveau notre colonne.

Bonaparte, agitant sans cesse son drapeau, dont les plis
sont bientôt criblés de balles, marche toujours en avant; un
tout jeune tambour le suit, en battant la charge comme un
enragé. Lannes, qui, ne pouvant marcher, est resté à cheval
exposé comme une cible vivante aux balles de l'ennemi,
reçoit à la tête du pont un coup de feu qui l'étend sans
connaissance; c'est sa troisième blessure de la journée. Les
généraux Verdier, Vignoles et Belliard sont grièvement
atteints autour de Bonaparte, dont un des aides de camp, le
colonel Muiron, est tué en faisant à son chef un rempart de
son corps.

Jamais champ de bataille n'a été plus disputé; le dévouement et le courage de nos généraux et officiers sont sans
exemple. Les ennemis sont nombreux et acharnés, les généraux en tête; plusieurs de ceux-ci tombent également tués
ou blessés. Malheureusement tous les coups portent dans
notre masse serrée et profonde, où les boulets et la mitraille
ouvrent d'effroyables brèches. De tous côtés on voit voler les
bonnets à poil des grenadiers et les fers des baïonnettes,
hachés, brisés par la mitraille. Les soldats hésitent, puis
reculent au moment où un dernier effort déciderait de la
victoire, et se précipitent sur le revers de la digue.

Bonaparte, entraîné dans ce mouvement rétrograde, remonte
à cheval; une nouvelle décharge à mitraille renverse tous
ceux qui l'entourent, et à la présence desquels il doit de
n'être pas atteint lui-même. Sa monture, effrayée, est culbutée dans le marais et y entraîne avec elle son cavalier, qui
reste embourbé jusqu'à mi-corps.

Les Autrichiens débouchent alors du pont, et, poursuivant

nos soldats en retraite sur la digue, dépassent de plus de cinquante pas l'endroit où est tombé notre général, sans heureusement le reconnaître. Son frère Louis, ses aides de camp Junot et Marmont, voyant le péril qui le menace, se jettent au-devant des hommes et leur montrent leur chef sur le point d'être englouti dans la vase ou massacré par les Croates, qui, dans l'ardeur du combat, n'accordent jamais quartier.

A cette vue un grand cri s'élève des rangs : « Sauvons notre général ! » On s'arrête, on fait volte-face de nouveau. L'adjudant général Belliard, tout sanglant, rallie une cinquantaine de grenadiers, et, à la tête de ces braves, se jette dans un élan désespéré sur l'ennemi qui s'avance au pas de charge; des officiers tracent avec la pointe du sabre une ligne derrière leurs compagnies criblées de mitraille et menacent du déshonneur ou de la mort celui qui, en reculant, viendra à la dépasser. On ne tient pas devant tant de courage. Les Croates sont repoussés dans leurs retranchements. Bonaparte, sauvé et dégagé, remonte à cheval; sa vue et ses paroles rassurent les soldats, qui se reforment sur la digue.

Ce n'est pas la dernière scène de la journée : Alvinzy, qui nous croyait toujours à Vérone, a été fort surpris d'entendre éclater une vive fusillade dans la direction d'Arcole. D'abord il ne peut comprendre que les Français se soient jetés dans les marais; mais, bientôt averti de ce qui se passe, il ordonne à deux divisions de s'y porter, de franchir l'Alpone et de déboucher par les deux digues pour nous rejeter dans l'Adige.

Vers quatre heures du soir, nous entendons de nombreux hourras s'élever dans les rangs autrichiens, ses tambours battent la charge; l'ennemi à son tour va reprendre l'offen-

BATAILLE D'ARCOLE (d'après le tableau du musée de Versailles).

sive. La division Mitrowski débouche par la digue de droite. En tête marchent les grenadiers de *Jordis,* vêtus du long habit blanc à revers bleu et coiffés d'un petit shako pointu, sans visière, et orné sur le devant d'une large plaque en cuivre portant estampée l'effigie de la couronne de fer.

« Laissez-les venir! camarades, nous dit Augereau, la victoire est à nous! » Dociles à son commandement, nous les attendons froidement l'arme au bras. Les grenadiers autrichiens s'approchent de plus en plus. « La charge ! » commande notre divisionnaire; le tambour bat ce pas redoublé, on croise la baïonnette. La chute de nombreux camarades, d'officiers aimés, a excité parmi nous un transport de fureur; on se rue en avant, tête baissée. Les ennemis, frappés de terreur, sont rompus au premier choc, culbutés, rejetés dans les marais, et perdent un grand nombre d'hommes. A notre gauche, Masséna remporte au même moment un égal succès sur la division Provera. Sur ces entrefaites, Guyeux, ayant passé l'Adige au bac d'Albaredo à la tête de deux demi-brigades, remonte la rive gauche de l'Alpone, prend à revers le village d'Arcole et l'enlève avec intrépidité. La nuit, de toutes parts, met fin au combat. Bonaparte nous fait repasser sur la rive droite de l'Adige, autour de Ronco, ne laissant que les 12ᵉ et 75ᵉ demi-brigades sur l'autre bord de la rivière, pour garder le pont de bateaux pendant que les Autrichiens réoccupent Porcile et Arcole.

Notre succès est complet : Caldiero est évacué, Vérone délivré, deux divisions autrichiennes totalement détruites; huit pièces de canon sont restées en notre pouvoir; de nombreuses colonnes de prisonniers défilent à travers notre camp et remplissent d'enthousiasme les soldats et les officiers.

Chacun reprend alors confiance et ne songe plus qu'à de nouvelles victoires.

Nos deux divisions repassent l'Adige, le 16, au-point du jour et dans le même ordre que la veille; de leur côté, Provera et Mitrowski, qui ont reçu de nouveaux renforts, marchent concentriquement sur la Zerpa, double en nombre des divisions françaises. A droite l'indomptable Masséna refoule les troupes qui se sont heurtées à lui. Notre division, conduite par Augereau, charge de son côté au son de la musique et des chants patriotiques. Deux pièces chargées à mitraille barrent la digue; l'adjudant général Vial épie le moment où les artilleurs approchent de la lumière la lance à feu et nous fait mettre à plat ventre; une pluie de projectiles passe au-dessus de nos épaules; on se relève, on bondit sur les canons.

Le caporal de grenadiers Bonnot arrive le premier et désarme l'officier d'artillerie; mais, aucun de ses camarades n'ayant pu le suivre, il se défend alors avec une intrépidité sans exemple, tue deux Autrichiens et tombe renversé; quoique couvert de contusions, il se relève, charge audacieusement contre un peloton dont il vient d'essuyer le feu et s'écrie : « A moi, mes amis, ils sont pris! » Nous arrivons la baïonnette haute : les pièces restent en notre pouvoir; les impériaux s'enfuient, se culbutent; on les charge à la baïonnette, on les précipite dans la vase, on déblaye la digue jusqu'à Arcole.

Mais là se renouvellent les scènes sanglantes de la veille. Ce pont maudit reste toujours infranchissable. Nous subissons des pertes cruelles; nos soldats, furieux, restent inébranlables sous le feu meurtrier qui les décime. Des camarades mortellement atteints expirent en s'écriant : « Je meurs pour la patrie ! » ou « Tenez ferme, battez-vous; n'allez pas ternir l'honneur de la 32e ! à votre poste ! que la victoire soit complète ! » Des blessés refusent de quitter les rangs : « Ah ! dit l'un d'eux en recevant une balle à la joue droite, ils croient m'empêcher d'ajuster, nous allons voir, » et il se remet à tirer de plus belle.

Le général en chef essaye alors vainement de faire jeter un pont de fascines à l'embouchure de l'Alpone, pour tourner Arcole; mais le courant est trop rapide, trop profond, et entraîne les fascines à mesure qu'on les lance à l'eau. Irrité de voir qu'on se fusille ainsi d'une rive à l'autre sans aucun résultat, l'adjudant général Vial se lance dans l'Alpone jusqu'au cou, et, suivi de quelques hommes résolus, il prend pied sur le bord opposé; mais il n'est pas secondé, et, ce trait d'audace ne produisant aucune diversion, il rejoint sa troupe, qui continue le combat de mousqueterie. Le soir nous revenons à Ronco aussi peu avancés que la veille, et reprenons nos premières positions sur la rive droite de l'Adige.

Le 17, au point du jour, commence le troisième et dernier acte de cette terrible lutte. Bonaparte a calculé que l'ennemi a dû perdre dans ces deux journées le tiers au moins de son armée, qu'il est harassé et découragé. Il n'hésite pas à quitter les digues et à se déployer dans la plaine. Nous nous mettons en mouvement pour passer l'Adige; par un fâcheux contretemps, un des bateaux du pont de Ronco s'étant enfoncé au moment où la tête de la première colonne est en train de défiler, cet accident faillit devenir funeste. Les Autrichiens s'avancent en force pour nous attaquer; heureusement nos pontonniers déploient une activité fébrile : le pont est raccommodé en un clin d'œil, et notre armée tout entière peut traverser la rivière.

C'est un spectacle imposant que présente en ce moment le champ de bataille d'Arcole. En avant de ce village et de Porcile, on aperçoit, aux premiers rayons du jour naissant, les régiments autrichiens, hongrois ou croates, aux uniformes blancs et bleus, aux armes reluisantes, rangés en files serrées et régulières, immobiles dans leurs rangs, comme si leurs pieds étaient cloués au sol, exécutant leurs feux avec la même précision, le même ordre que sur un champ de manœuvre. Sur les deux digues, les colonnes françaises débouchant au pas de course, s'allongeant, serpentant, croisant leurs mouvements comme pour serrer les ennemis dans les plis de leurs anneaux mobiles. Aux premiers rangs et l'épée à la main marchent Masséna et Augereau, tous deux impatients de combats, avides de gloire et entraînés par ce pressentiment de la victoire qui se communique si aisément des chefs aux soldats.

A dix heures du matin on est en présence : Masséna à gauche, Robert au centre, Augereau à droite. L'action s'engage ; les villages, le pont et les digues se couvrent de feux, mais rien n'arrête nos soldats ; les bataillons avancent, se rapprochent des Autrichiens et les poussent jusqu'à l'Alpone.

La 32e n'a pas pris part à cette attaque ; d'après l'ordre de Bonaparte, nous avons été placés en embuscade dans des massifs de saules et de roseaux, entre le pont de la Zerpa. Nous entendons au loin le bruit de la bataille ; peu à peu le bruit du canon se ralentit, le feu de la mousqueterie s'éteint presque sur tous les points : d'horribles cris de mort, le cliquetis sinistre de l'acier, s'élèvent confusément de ce champ de carnage, où la baïonnette seule travaille.

Tout à coup éclatent de bruyants hourras, qui se rapprochent rapidement de nous. Un aide de camp, le haut chapeau de feutre recouvert de toile cirée enfoncé sur la nuque et les deux cornes de sa coiffure retombant sur les épaules, la pelisse rouge à tresses noires, arrive au galop jusqu'au chef de notre demi-brigade. La 75e, placée au centre, vient de fléchir, le général Robert a été grièvement blessé, et ses soldats battent en retraite, poursuivis jusqu'à l'Adige par une colonne de trois mille Croates qui s'avancent en bon ordre. Le moment est critique ; quelques pas encore, cette masse peut occuper Ronco et disloquer notre armée. Sur la droite notre ligne de bataille recule aussi : Augereau, en effet, après s'être emparé d'Albaredo, vient d'être ramené.

Mais Bonaparte pourvoit à tout ; par son ordre nous attendons l'ennemi dans le plus profond silence, les hommes agenouillés au milieu des roseaux, serrant avec force leurs fusils, prêts à agir au premier signal. Le général Gardanne et les officiers les contiennent difficilement, retenant de la main les plus impatients de combattre, et disant doucement et à voix basse : « Attendez, mes enfants! du calme, du sang-froid! laissez-les avancer. » Nos tapins, placés à quelques pas en arrière du général Gardanne, attendent, les yeux fixés sur lui, pour battre la charge dès le premier ordre. Cependant les Croates, voyant la 75e lâcher pied, se sont lancés imprudemment à sa poursuite. Bientôt, à travers les roseaux, nous apercevons accourir sur la ligne droite la colonne profonde des ennemis, qui, enivrés de joie par ce premier succès, poussent de bruyants hourras.

Sans s'émouvoir, nous laissons tranquillement les Croates défiler devant notre front; lorsqu'ils sont tout entiers sur la pointe de nos baïonnettes, Gardanne élève son sabre. La charge retentit. En un clin d'œil nous sommes sur pied, et, sortant brusquement des roseaux, nous abordons les Croates en flanc, au fil de la baïonnette et au tranchant du sabre. En même temps Masséna, revenant au pas de course avec la 18e légère, tombe sur leurs derrières. Cette double attaque est décisive. Les Croates ne peuvent résister à la furie de nos soldats : leurs rangs sont ouverts, rompus, brisés de toutes parts. Ces malheureux, culbutés dans les marais, y restent enfoncés, exposés à une violente fusillade qui en tue un grand nombre; ils sont anéantis : à peine quelques hommes rejoignent-ils Arcole. Dans cette brillante attaque, le caporal Bellot, de notre demi-brigade, a enlevé le drapeau d'un régiment croate.

Arcole, le point culminant des positions ennemies, est attaqué avec une extrême vigueur; l'ennemi se défend avec une ténacité indomptable; le général Gardanne est blessé à notre tête et l'adjudant général Verdelin tué. Soudain les Autrichiens entendent sonner la charge sur leurs derrières. Ce sont les trompettes de l'escadron des guides d'escorte qui, sous les ordres du lieutenant Hercule, se sont glissés à travers les roseaux derrière la gauche d'Alvinzy; ce bruit étonne les ennemis et porte l'épouvante parmi eux. L'infanterie autrichienne perd l'aplomb qu'elle a conservé jusquelà. Nous redoublons d'efforts et touchons enfin à Arcole, où nous entrons de toutes parts.

Bientôt le canon retentit avec force dans la direction de Legnano; c'est la petite garnison de cette ville, forte de huit cents hommes et de quatre canons, qui apparaît dans la plaine sur les derrières de l'ennemi. Les Autrichiens, après soixante-douze heures de combat sans relâche, abandonnent enfin le champ de bataille : ils fuient, ils délaissent les digues et Arcole, où nos soldats s'emparent encore de trois drapeaux pris par le cavalier Brunet, du 15e dragons, et deux grenadiers de la 51e. La victoire n'est plus indécise; Masséna poursuit les Impériaux, qui ne s'arrêtent qu'à la chaussée de Vicence.

Le jour baisse. Nous sommes tellement fatigués, que nous passons la nuit sur le champ de bataille même. Vers trois heures du matin, Bonaparte, toujours infatigable, parcourt les avant-postes, vêtu d'un uniforme de simple officier qui ne décèle point le général en chef.

On craint un retour offensif et une attaque de nuit de la part d'Alvinzy; aussi Bonaparte a-t-il voulu juger par lui-même si les fatigues de trois journées aussi pénibles n'ont rien fait perdre aux soldats de leur respect pour la discipline et de leur vigilance sur les mouvements de l'ennemi.

En faisant sa ronde il vient à passer devant une sentinelle endormie; sans l'éveiller, et avec précaution, il lui enlève son fusil. Quelques moments après le jeune soldat ouvre les yeux, se voit désarmé et reconnaît son général, qui se promène tranquillement et fait la faction à sa place. « Je suis perdu! s'écrie-t-il. — Rassure-toi, lui dit Bonaparte d'un ton bienveillant; après tant de fatigues il peut être permis à un brave tel que toi de succomber au sommeil; mais une autre fois choisis mieux ton temps. »

Ce jeune soldat, appartenant à la 75e, ne crut pouvoir mieux reconnaître cet acte de clémence de son général qu'en se faisant tuer quelques jours après, ayant abordé le premier le régiment autrichien de Laslezmann.

Le 18 novembre, au point du jour, nos reconnaissances de cavalerie rentrent au camp, les longs manteaux gris des dragons et des hussards souillés de boue, les chevaux la tête pendante, les paturons engorgés. Nos cavaliers ont couru toute la nuit précédente.

Alvinzy s'est retiré sur Vicence, semant la route de traînards et de blessés. Son armée principale est réduite à moins de dix-huit mille combattants, et a laissé dans les marais de Ronco de huit à dix mille hommes hors de combat.

Quatre drapeaux, dix-huit canons, six mille prisonniers, sont les trophées de ces trois sanglantes journées d'Arcole. De notre côté, les pertes, bien que moindres, sont toutefois cruelles.

Dans la matinée, Bonaparte inspecte les troupes. Au moment où il s'arrête sur le front de notre demi-brigade, il s'écrie en nous désignant de la main à son état-major : « J'ÉTAIS TRANQUILLE, LA BRAVE 32e ÉTAIT LA! » Paroles mémorables, qui furent désormais inscrites sur les plis de notre vieux drapeau tricolore, frangé par la mitraille et noirci par la poudre.

Ce jour-là, tandis que notre cavalerie poursuit les impériaux, Bonaparte revient à Vérone en passant par le champ de bataille qu'a occupé Alvinzy.

L'armée rentre triomphante par la porte de Venise trois jours après en être sortie mystérieusement du côté opposé, par la route de Milan. Prestige du génie! la population entière accueille notre jeune général en chef avec des acclamations d'admiration et de joie. Sans perdre de temps, il fait remonter par ses infatigables lieutenants les rives de l'Adige, poursuit son avantage autant que le lui permet sa faible armée, fait soutenir Vaubois, rejette Davidovitch dans le Tyrol, et occupe les anciennes positions qu'il avait sur l'Adige.

La victoire d'Arcole produisit en France et en Europe une sensation extrême. Le Directoire décida que les drapeaux portés par Bonaparte et Augereau au milieu du feu et de la fumée sur le pont d'Arcole seraient donnés à ces deux généraux pour être conservés dans leur famille. Enfin on admira partout en Europe le génie de l'homme extraordinaire qui, abandonné à ses propres forces au fond de l'Italie, soutenait une telle lutte contre les nombreuses armées de la puissante maison d'Auriche.

RIVOLI

(14 janvier 1797)

PAR UN GRENADIER DE LA 18ᵉ DEMI-BRIGADE DE LIGNE

Six semaines après Arcole, une nouvelle et cinquième armée impériale allait redescendre en Italie sous les ordres d'Alvinzy. Jamais l'Autriche n'a fait de plus grands efforts ; toute la garnison de Vienne est acheminée vers le Tyrol ; quatre mille volontaires, levés dans la capitale, ont été enrégimentés sous le nom de *volontaires de Vienne,* et ont reçu un drapeau brodé des mains de l'impératrice ; enfin une foule de Croates, de Hongrois et de Tyroliens ont été enrôlés, et l'armée d'Alvinzy a été portée à soixante mille hommes.

Bonaparte, qui s'attend à cette dernière lutte, donne aussi tous ses soins à la réorganisation de son armée, qui, par les renforts qu'elle a reçus, se trouve encore portée à quarante-cinq mille hommes, dont dix mille forment le blocus de Mantoue et trente mille sont en observation. Cette armée se compose de cinq divisions. Autour de Mantoue, Serrurier; généraux de brigade, Rampon, Monnier, Brune, Leclerc. A droite, au Ronco et à Legnagno : Augereau; généraux de brigade, Verdier, Point, Guyeux, Bon, Walther. A gauche, sur le Montebaldo et à Rivoli : Joubert, récemment promu, en remplacement de Vaubois, au grade dont il s'est depuis longtemps montré digne; généraux de brigade, Leblay et Vial. En réserve, à Desenzano et Salo : Rey; généraux de brigade, Guillaume, Baraguey d'Hilliers et Murat. Enfin; sur l'Adige : Masséna et Lannes. Quant au jeune général en chef, épuisé par neuf mois de travaux, de veilles, de fatigues de guerre, de soins de toute espèce, dévoré par une gale intense dont il a pris le germe à Toulon, il est tellement affaibli, qu'il peut à peine se tenir à cheval. Mais deux mobiles puissants le soutiennent: l'ambition et la gloire; et, si son corps est épuisé, son esprit a conservé toute sa lucidité, toute sa force.

Les hostilités recommencent vers les premiers jours de janvier de l'année 1797. Bonaparte a l'œil fixé vers le Tyrol et le Frioul, où Alvinzy formait son armée. Enfin, le 7 janvier, les Autrichiens se mettent en marche et attaquent nos avant-postes à Bevilaqua. Le 12 janvier, Joubert est abordé par des forces considérables, qui tournent le Montebaldo et l'obligent ainsi, malgré la résistance la plus héroïque, à replier ses avant-postes et à se concentrer sur le plateau de Rivoli. Dès lors il n'y a plus de doute, le plan des Impériaux se dévoile.

Alvinzy, à la tête de la masse principale, quarante mille hommes environ, doit balayer Joubert, et tenir en échec toute l'armée française, tandis que Provera, son lieutenant, fonçant sur Mantoue avec vingt mille hommes, dégagera Wurmser. Bonaparte découvre aussitôt le seul point où les colonnes de l'armée d'Alvinzy, circulant avec lenteur et difficulté dans un pays de montagnes, peuvent se réunir; c'est le plateau de Rivoli.

Le généralissime autrichien a formé son armée en six

corps séparés, qui doivent aborder de front la position de
Rivoli, l'entourer par ses derrières et l'enfermer dans un
cercle de fer et de feu. Une longue colonne d'infanterie, forte
de vingt mille hommes environ, sans chevaux ni canons, y
arrive, en effet, par les sentiers du Montebaldo; la cavalerie, l'artillerie et les ba-
gages s'en approchent par
un escalier tournant; d'autres corps arrivent par
l'Adige; enfin un sixième
corps, commandé par
l'émigré Lusignan, file
entre le Montebaldo et le
lac de Garde pour nous
couper la retraite. Il n'y
a pas un moment à perdre :

Chasseur à cheval et grosse cavalerie (1797).

Bonaparte, maintenant qu'il connaît les projets de son
adversaire, va y faire face avec sa promptitude et sa supériorité accoutumées. Il ne songe qu'à une chose, empêcher
à tout prix la jonction de l'infanterie autrichienne avec sa
cavalerie et son artillerie. Il n'a que seize mille hommes
contre quarante mille hommes, mais ces derniers sont mor-
celés en six corps incomplets qu'il peut battre les uns après
les autres.

Le 13 janvier, nos troupes sont prévenues d'être prêtes à
faire une marche de nuit. Il pleut à torrents. A dix heures,
les troupes sont sous les armes et se mettent aussitôt en
marche pour être à la pointe du jour à Rivoli, au nombre
de quatre demi-brigades de la division Masséna et de deux
escadrons de houzards.

Bonaparte, devançant la troupe qui s'avance à grands pas,

rejoint vers deux heures du matin la division Joubert, qui s'est pelotonnée autour de Rivoli ; elle a évacué successivement la Corona, le Montebaldo, puis, sur le Montemagone, les buttes de la chapelle San-Marco, qui en masquent le débouché, enfin, dans la vallée du Tasso, le village et les collines de San-Martino, qui, du côté de l'ouest, flanquent les approches de San-Marco. Les avant-postes ennemis couvrent déjà les crêtes du plateau, et les Impériaux n'attendent que le jour pour continuer leurs progrès. Le temps s'est éclairci ; la nuit est belle, le clair de lune superbe. Bonaparte monte sur différentes hauteurs et observe les lignes des feux ennemis qui brillent sur le fond noir du ciel. Ces lignes remplissent le pays entre l'Adige et le lac de Garde, sur les flancs des montagnes alors couvertes de neige, ou au fond des vallées ; l'atmosphère en est embrasée. On distingue fort bien cinq camps, composés chacun d'une colonne. Les feux de bivouac annoncent de quarante à quarante-cinq mille hommes.

Bonaparte établit aussitôt un plan et ordonne à Joubert, qui a évacué la chapelle San-Marco, et qui n'occupe plus le plateau de Rivoli que par une arrière-garde, de prendre tout de suite l'offensive et d'occuper de nouveau la chapelle, sans attendre le jour.

A trois heures du matin, la division Joubert se met sous les armes pour foncer sur les vingt mille fantassins qui forment le centre d'Alvinzy ; elle est plus faible de moitié, mais elle a ce qui manque à son adversaire, du canon et de la cavalerie. Les renforts d'ailleurs ne sont pas loin. Les rangs se forment, on se dit avec joie : « Bonaparte est là ! » Masséna accourt avec l'élite des siens, l'*impétueuse* 18e, l'*invincible* 32e, l'*indomptable* 75e, la *foudroyante* 45e.

A quatre heures du matin, la 14e, conduite par le général Vial, remonte à la chapelle San-Marco. Dix Croates, instruits par un prisonnier de l'évacuation de cette position, viennent d'y entrer, quand les Français surviennent à leur

Attaque de la chapelle San-Marco.

tour. En un clin d'œil les Croates sont désarmés et faits prisonniers. Leur régiment, qui les suit avec confiance et s'avance tranquillement l'arme au bras, est accueilli par un feu terrible à bout portant qui renverse les premiers rangs; les Croates tourbillonnent sous cette grêle de balles et lâchent pied. Mais la colonne entière d'Ocskay descend en demi-cercle des hauteurs qui dominent le plateau.

-Deux heures avant le jour, la bataille s'engage sur ce point capital. L'entrain de la vaillante 14e est inexprimable, et bientôt la chapelle San-Marco reste en notre pouvoir. A la

4*

pointe du jour, Joubert débouche de cette position; il fait des progrès rapides sur la crête de la montagne; un bataillon de la vaillante 14e s'établit dans San-Martino même.

Mais de nouvelles colonnes ennemies débouchent sans cesse de tous côtés; Alvinzy fait preuve d'un acharnement incroyable : abandonner San-Martino, San-Marco, c'est pour lui renoncer à la jonction des diverses colonnes impériales, c'est s'avouer vaincu. Il ranime ses troupes et les ramène à la charge sur tous les points. Écrasée sous cette masse énorme d'assaillants, la division Joubert fléchit et finit par reculer; la 14e elle-même est obligée d'évacuer San-Martino et de s'ouvrir un passage à la baïonnette au milieu des Croates et des Tyroliens, qui poussent déjà des cris sauvages de triomphe. Le porte-drapeau de cette demi-brigade tombe tué, et son étendard est enlevé par une colonne de Croates. A cette vue, le sergent Joseph Bernard, un brave enfant de Paris, se précipite tête baissée sur les ennemis, reprend le trophée, et tombe percé de coups pour ne plus se relever, en criant à ses camarades : « Mes amis, sauvez le drapeau, et je meurs content! »

Bonaparte accourt sur une éminence en avant de Rivoli, d'où il observe tous les mouvements; son escadron de guides, commandé par Bessières, l'entoure.

La 14e couvre toujours la marche rétrograde de Joubert. L'ennemi rassemble tout ce qu'il a de forces disponibles pour la disloquer, car la bataille est là. Rien n'ébranle cette demi-brigade; elle reçoit intrépidement le choc et ne perd pas un pouce de terrain. L'ennemi redouble d'efforts; la colonne de Koblos presse sa marche, et un peu avant neuf heures débouche sur les hauteurs du plateau de Rivoli. Pendant vingt minutes, un seul bataillon de la 14e, le 2e, est en butte aux efforts des Autrichiens et les empêche d'avancer. Cependant ceux-ci veulent du moins emporter un trophée de cette violente lutte ; ils tâchent de s'emparer de deux pièces de canon qui se trouvent à mi-côte en avant de nous, et que nos charretiers ont abandonnées à l'entrée de San-Martino.

Le chef d'état-major Berthier donne l'ordre à une compagnie de se porter sur les pièces, où l'ennemi est déjà parvenu et tâche d'atteler des chevaux pour les emmener ; un de nos officiers se précipite seul en criant : « Non, vous n'aurez pas nos pièces. » En

Aide de camp et guide de Bonaparte.

même temps un feu terrible couche à terre les attelages ainsi que les Autrichiens qui s'y trouvent, et contraint les survivants à s'éloigner. A ce moment le plateau de Rivoli est entouré de toutes parts. Bonaparte a devant lui l'infanterie autrichienne, qui s'avance en demi-cercle ; à gauche, il est menacé par une forte colonne ; à droite, le plateau est escaladé par une colonne de grenadiers hongrois et par le gros de la cavalerie et de l'artillerie.

C'est le moment critique. La grandeur du péril exalte les âmes ; généraux et soldats se dévouent au salut commun. Bonaparte court à la division Masséna, qui, ayant marché toute la nuit, prend un peu de repos au village de Rivoli, et la mène droit à l'ennemi, après avoir enflammé le courage des soldats par quelques paroles vibrantes et chaleureuses.

« Brave 18e, dit-il à notre demi-brigade que commande le colonel Fugière, je vous connais, l'ennemi ne tiendra pas devant vous. » Électrisés par ces mots, nos soldats marchent comme à la parade et l'arme au bras, malgré les boulets de Wukassowitch, qui enlèvent des files entières dans leurs rangs. La 32e s'élance la première, et en un instant dégage la 14e. La colonne de Liptay accourt au secours de Koblos : il est dix heures et demie.

Quasdanowitch, qui est au fond de la vallée, s'aperçoit que Joubert n'a laissé personne à la chapelle San-Marco, qu'il s'est porté en avant et que le feu s'approche du plateau : il croit le moment propice pour déboucher sur le plateau avec son artillerie et sa cavalerie. Du succès de cette entreprise dépend le gain de la bataille; mais l'exécution en est difficile, c'est une véritable escalade. Trois bataillons d'élite de grenadiers hongrois marchent les premiers; déjà leurs bonnets fourrés apparaissent sur le revers du plateau. A cette vue, Joubert fait rétrograder son infanterie légère et s'élance au pas de course, suivi de trois bataillons, qui arrivent à la chapelle avant ceux de l'ennemi. En tête marchent les carabiniers, le panache rouge flottant sur le bonnet à poil, l'habit bleu à passepoils blancs, et la culotte bleue à hongroises serrée par le bas dans des demi-guêtres de feutre noir.

L'action est des plus vives. Joubert rencontre Berthier, qui lui dit sans s'émouvoir : « Eh bien, Joubert, où prends-tu ta ligne? — Là, » répond-il en plaçant en jalons deux carabiniers; puis il conduit sa troupe sur le flanc droit des Impériaux, qui ont forcé le retranchement et le plateau. Son cheval est tué sous lui; alors ce vaillant officier, qui a été nommé général à vingt-six ans sur le champ de bataille de Loano (24 novembre 1795), prend un fusil et marche

BATAILLE DE RIVOLI
D'après le tableau de Philippotaux, au musée de Versailles.)

lui-même en tête des carabiniers, auxquels il communique
sa résolution et son élan. L'ennemi, épouvanté et chargé en
même temps en flanc par deux cents cavaliers du 1er houzards conduits par Lasalle, est culbuté en désordre. Tout ce

Charge du 1er houzards.

qui a débordé sur le plateau est précipité pêle-mêle dans
le ravin qui y conduit.

Le plateau ainsi délivré, Bonaparte y fait placer en batterie quinze pièces de canon pour foudroyer cette longue
colonne mise en déroute et qui s'agite confusément dans le
ravin, encombré de chevaux, de canons, de caissons et de
bagages. Cette rude attaque à la baïonnette, cette grêle de
mitraille et l'explosion de quelques caissons désorganisent
complètement Quasdanowitch; sa colonne se retire confusément.

Joubert aussitôt rebrousse chemin contre ses précédents
adversaires, que Vial contient toujours avec la 14e; son
approche, les deux cents houzards de Lasalle qui le pré-
cèdent, frappent de terreur les Impériaux, que les accidents

du sol forcent de marcher sans ordre, et les font reculer au pas de course. De son côté, Masséna, vainqueur sur tous les points, s'étend par sa droite et les déborde. Une grande clameur vibre dans nos rangs, la charge retentit : partout nous abordons l'ennemi à la baïonnette. Nos soldats font preuve d'une bravoure incroyable. La déroute des Autrichiens est bientôt sans remède ; ils fuient et se laissent enlever dans cette dernière attaque dix-huit cents prisonniers. Toute l'infanterie d'Alvinzy est défaite et se sauve à travers des rochers affreux.

Reste l'aile droite autrichienne, que l'émigré Lusignan a rabattue sur nos derrières dans la présomptueuse pensée de nous tourner, et qui maintenant s'y trouve isolée. En arrivant sur les hauteurs de Pipolo, ce général aperçoit la déroute d'Ocskay, de Koblos et Liptay, Quasdanowitch culbuté dans les rochers et Wukassowitch forcé de fuir au loin. Il pressent le sort qui l'attend ; il est sans ressources et sans artillerie. Les regards des vainqueurs se tournent de ce côté : « Ceux-là, disent-ils, sont encore pour nous ! »

La 18e et quelques compagnies de la 75e, commandées par les généraux Brune et Monnier, s'avancent vers l'ennemi. Un instant on s'observe de part et d'autre, sans tirer un seul coup de feu. Les Autrichiens crient à nos soldats : « Nous les tenons, » et ils se partagent déjà nos dépouilles. On est assez près pour entendre. Un feu de file part de toute leur ligne : c'est un signal. Aussitôt les Autrichiens, sortant par le bas de l'Adige, se portent avec fureur pour emporter le retranchement de Rivoli. Ils attaquent à trois reprises différentes ; ils ne trouvent que la mort ou fuient épouvantés. Pendant ce temps, quinze pièces de 12 de la réserve canonnent la droite de Lusignan, puis notre infanterie part

à son tour au pas de course; il ne semble pas qu'on aille
porter la mort dans les rangs ennemis, il semble plutôt que
c'est une marche d'instruction. Le soldat, l'arme au bras,
marche en chantant l'hymne du *Chant du départ;* il fond
sur l'ennemi. Rey, survenant à son tour avec la 58ᵉ, prend
à dos la colonne de Lusignan, qui se replie comme un éven-
tail, se débande et gagne en courant les bords du lac de
Garde.

Notre compagnie de la 18ᵉ, commandée par le brave capitaine René, que le feu ennemi a réduit à une cinquantaine
d'hommes, prévient les Autrichiens, les dépasse et les attend
au village de Garde'pour leur barrer le passage. Une grande
partie des troupes de Lusignan s'est rendue prisonnière sur
le champ de bataille. Un débris considérable de ce corps
cherche à se retirer sur Garde.

Vers quatre heures, sept Autrichiens paraissent au débouché du défilé qui donne sur le lac. Nous les faisons aussitôt
prisonniers. Tout à coup se présente une forte colonne autrichienne que nous n'apercevons qu'à vingt pas, parce que le
défilé forme un tournant. « Mettez bas les armes, crie le
commandant ennemi à notre capitaine, vous êtes mon prisonnier. — Non, monsieur, répond le brave René, c'est
vous; j'ai déjà désarmé votre avant-garde, vous en voyez une
partie; bas les armes, ou point de quartier. » Excités par
son exemple, nous répétons ce cri. Les prisonniers, voyant
qu'au premier feu ils seront tués, crient de toutes leurs
forces à leurs camarades de se rendre. Tout ce tapage étonne
l'officier ennemi; il veut parler. Nous ne répondons qu'en
répétant : « Bas les armes! » Il propose de capituler. « Non,
dit le capitaine René, bas les armes et prisonnier. — Mais,
monsieur, ajoute-t-il, si je me rends, n'aurai-je pas de

mauvais traitements à éprouver? » Notre capitaine répond que non, et, sur la parole d'honneur de celui-ci, le commandant autrichien ôte alors son chapeau, s'avance et présente son épée; toute sa troupe met bas les armes.

Nous arrivons bientôt sans fâcheuse rencontre au gros de notre demi-brigade, et constatons que la colonne que nous venons de faire prisonnière se compose du régiment de ligne impérial de Klebeck et d'un corps franc, faisant en tout environ dix-huit cents hommes.

Il est deux heures du soir; partout l'ennemi est battu et vivement harcelé. Onze drapeaux, douze pièces de canon et sept mille prisonniers sont tombés en notre pouvoir. Constamment au plus fort du danger, notre général en chef a eu plusieurs chevaux blessés sous lui. Le jour finit, et Bonaparte fait ses dispositions pour anéantir, dans les défilés du Montebaldo, l'infanterie vaincue d'Alvinzy, quand il apprend que Provera a franchi l'Adige et marche sur Mantoue. Il part aussitôt et vole à sa rencontre, suivi de Masséna, de la compagnie des guides, du 1er houzards et de notre division d'infanterie, et laisse à Joubert le soin d'achever Alvinzy. Nous apprîmes plus tard que le lendemain, 15 janvier, les Impériaux, vivement pressés et trouvant tous les passages fermés, se débandèrent au travers des précipices et des gorges des montagnes, en se débarrassant des sacs, des fusils et des sabres. Trois mille Autrichiens périrent. Le reste alla s'engouffrer dans le défilé de la Madona, et s'y rendit à discrétion au nombre de plus de six mille hommes. Tout ce qui avait échappé la veille était tombé en notre pouvoir, à quelques cavaliers près, qui tentèrent de franchir l'Adige à la nage, et dont la plus grande partie se noya.

De notre côté, nous nous dirigeons rapidement sur Man-

toue; notre division, qui a marché toute la nuit du 13 janvier et s'est battue toute la journée du 14, fait à marches
forcées les quinze lieues qui séparent Rivoli de Mantoue, et
le 15, au point du jour, arrive à Roverbella, où Bonaparte
établit son quartier général. Les soldats, fiers de leurs succès
et soutenus par l'enivrement moral de la victoire, semblent

Charge de la 57ᵉ demi-brigade à la Favorite.

ne pas s'apercevoir des fatigues. Les troupes les plus vantées
n'avaient jamais rien accompli de pareil.

Pendant ce temps, Provera, après avoir habilement tenu
en suspens Augereau et lui avoir donné le change, a jeté
un pont sur l'Adige à Anghiari, porté sur la rive droite dix
à onze mille combattants, culbuté la troupe qui s'était effor-
cée de l'arrêter, et percé jusqu'au faubourg Saint-Georges.
Son avant-garde faillit surprendre le poste qui, de ce côté,
protège la ligne du blocus de Mantoue. Cette avant-garde,
composée de houzards couverts de manteaux blancs sem-
blables à ceux de nos houzards de Berchiny, trompe des
soldats qui font du bois hors des portes ouvertes. Le tact

d'un vieux sergent sauve les Français; il examine ces cavaliers qui arrivent à l'improviste et remarque que leurs manteaux sont bien neufs, trop neufs, tandis que les manteaux des Berchiny sont usés par les bivouacs et flétris par les pluies. Il fait aussitôt rentrer ses hommes, ferme la barrière au moment où les houzards de Provera y touchent, appelle le poste, reçoit les cavaliers à coups de fusil et, aidé d'un tambour, donne l'éveil.

La garnison, composée de la brigade du général Miollis, se met aussitôt sur pied, prend les armes et répond aux sommations de Provera avec du canon. Il tâte alors les lignes de circonvallation du côté de la Favorite; on est partout en mesure; renonçant à surprendre le camp des assiégeants, Provera commande à tous ses tambours de battre la grenadière, et Wurmser, pour l'avertir que son signal est compris, met en branle toutes les cloches de Mantoue.

Dans cette même journée nous atteignons la queue de sa colonne à Anghiari, sur l'Adige. La cavalerie impériale ayant fait volte-face pour nous repousser, les troupes se chargent, et les houzards autrichiens sont faits prisonniers.

Le succès de ce combat est complet : l'arrière-garde autrichienne, forte de deux mille hommes et quarante officiers, reste en notre pouvoir, ainsi que quatorze bouches à feu; en outre, le pont sur l'Adige est brûlé, de sorte qu'il ne reste plus à Provera aucun moyen de revenir en arrière, dans le cas où il ne parviendrait pas à se réunir à la garnison de Mantoue : c'est un sinistre présage.

Le lendemain, 16 janvier, la lutte recommence au point du jour. Au moyen d'un officier d'état-major, qui a traversé le lac sur un frêle bateau, Provera est parvenu à communiquer avec Wurmser. Les deux généraux ont arrêté une

attaque simultanée sur la Favorite et San-Antonio. Pendant
que la garnison de Mantoue est rejetée dans la place et essuie
une perte de quatre cents hommes, Bonaparte, Augereau,
Masséna et Miollis enveloppe Provera. Nos soldats, enivrés
par leurs succès de la veille à Anghiari et de l'avant-veille
à Rivoli, chargent l'ennemi comme des lions; rien ne résiste
à leurs coups. La terrible 57ᵉ est partout; apercevant une
masse de grenadiers hongrois, elle court à eux, les enveloppe, les fait prisonniers; une batterie la mitraille, elle
l'enlève aussitôt à la baïonnette et la retourne contre les
ennemis; chargée par deux escadrons de cuirassiers, elle
les attend de pied ferme et les détruit presque entièrement
par ses feux de file bien dirigés.

Bientôt le désordre est à son comble dans la colonne de
Provera : l'artillerie, l'infanterie, la cavalerie, sont mêlées
dans la plus affreuse confusion. Ce malheureux général,
entouré de tous côtés, abandonné de Wurmser, privé de son
pont sur l'Adige, est réduit à capituler; six mille fantassins,
sept cents cavaliers, vingt-deux pièces de canon, les caissons, les bagages tombent au pouvoir des vainqueurs.

Le soir de cette bataille, Bonaparte, complimentant Masséna, lui dit : « Vous êtes l'enfant chéri de la victoire, » et
s'adressant aux troupes : « Toutes les demi-brigades, dit-il,
se sont couvertes de gloire, et spécialement la 32ᵉ, la 57ᵉ,
la 18ᵉ, qui, en trois jours, ont combattu l'ennemi à Vérone,
à Rivoli, à la Favorite. Les légions romaines faisaient, dit-on,
vingt-quatre milles par jour. Nos brigades en font trente,
et se battent dans l'intervalle. »

A la suite de cette courte mais magnifique campagne,
plusieurs des drapeaux de nos demi-brigades reçoivent des
devises, à l'imitation de ceux de l'ancienne monarchie. La

18ᵉ brigade : *Brave dix-huitième, je vous connais. L'ennemi ne tiendra pas devant vous.* La 25ᵉ demi-brigade : *La vingt-cinquième s'est couverte de gloire.* La 32ᵉ demi-brigade : *J'étais tranquille, la brave trente-deuxième était là.* La 57ᵉ demi-brigade : *La terrible cinquante-septième que rien n'arrête.* La 75ᵉ demi-brigade : *La soixante-quinzième arrive et bat l'ennemi.*

Le 3 février 1797, Wurmser, réduit aux dernières extrémités, sa garnison ayant mangé jusqu'à son dernier cheval, livra Mantoue. La garnison, réduite à treize mille hommes, déposa ses armes sur les glacis de la place. L'artillerie des remparts et toutes les pièces du corps de Wurmser (en tout cinq cent trente-huit bouches à feu) tombèrent en notre pouvoir. La place renfermait aussi, outre d'immenses munitions de guerre et les armes qui furent remises par la garnison, dix-sept mille cent quinze fusils, un équipage de vingt-cinq pontons, cent quatre-vingt-quatre chariots et caissons, et tous les drapeaux, au nombre de soixante, que le général Augereau eut la mission d'aller offrir au Directoire.

La campagne était terminée; l'Italie appartenait désormais à la France.

LES PYRAMIDES

(21 JUILLET 1798)

PAR UN GUIDE DE BESSIÈRES

Le 1ᵉʳ juillet 1798, nous avions débarqué en Égypte; le 2, Alexandrie était emportée au pas de course et à la baïonnette. Bonaparte a hâte de s'emparer rapidement du Caire.

L'ordre de départ est donné le 6 juillet, et nos troupes, au nombre d'une trentaine de mille hommes, tous vieux soldats d'Arcole et de Rivoli, se dirigent sur cette ville à travers le désert de Damanhour. Comme l'escadre est mouillée loin de terre et qu'il n'a pas encore été possible de débarquer les approvisionnements de réserve, nous devons nous mettre en marche sans nous être pourvus des vivres nécessaires; mais les moments sont précieux, et depuis longtemps Bonaparte a accoutumé ses soldats à faire l'impossible. Nos cavaliers encore démontés marchent à pied, comme de véritables fantassins. Seul notre escadron des guides, fort de cent vingt sabres, est monté sur des chevaux épuisés par une traversée de deux mois, et pouvant à peine porter leurs cavaliers.

Il est six heures du matin; déjà le soleil est dévorant. Desaix marche à l'avant-garde. Nous rencontrons bientôt le désert, qui en Égypte s'avance partout où la civilisation recule.

Nos soldats sont effrayés en apercevant ces plaines immenses, véritables mers de sable sans bornes et sans horizon, eux qui viennent de combattre dans les plaines fertiles de l'Italie et de l'Allemagne. Une morne stupeur se répand dans les rangs. Point d'eau pour étancher la soif, point d'arbres pour reposer à l'abri du soleil; un sable mouvant et brûlant cruellement les pieds, malgré l'épaisseur des semelles, un soleil torride sur la tête, et qui, tombant d'aplomb sur les baïonnettes, reflète une lumière insupportable. Un vent chaud et lourd comme le simoun, qui, soulevant des tourbillons de sable fin comme l'air, nous aveugle. Quelques poteaux posés de distance en distance indiquent la route aux caravanes; à peine trouve-t-on deux ou trois misérables villages dans cette plaine de trente lieues d'étendue. De temps en temps nous apercevons au loin et sur les derrières quelques troupes de Bédouins nomades qui suivent nos colonnes, comme des oiseaux de proie, pour surprendre et égorger les traînards, et qui disparaissent ensuite avec une étrange rapidité.

Nos colonnes cependant continuent d'avancer. Une sombre tristesse s'est emparée de tous les cœurs, de tristes présages sont dans tous les esprits. Plus de lazzis joyeux, plus de chants pour abréger l'ennui des longues routes et apporter à l'oreille charmée comme un écho lointain de la patrie absente.

On a annoncé aux soldats une terre féconde, et ils ne rencontrent qu'un désert où, comme les soldats de Cambyse, ils craignent de rester ensevelis. Bientôt le mécontentement fait place au désespoir.

Dans cette première journée de marche, la division Desaix,

qui forme notre avant-garde, souffre tellement de l'ardeur du soleil, que son chef écrit à Bonaparte : « Si l'armée ne traverse pas le désert avec la rapidité de l'éclair, elle périra. » Et Desaix est un des hommes les plus difficiles à émouvoir. Un supplice plus affreux encore que la chaleur vient augmenter le découragement de l'armée : la soif. Plusieurs soldats

Combat de Chébreiss (10 juillet 1798).

en meurent. On rencontre bien de temps en temps sur la route quelques puits creusés par les caravanes, mais les Bédouins les ont mis à sec, et il n'y reste qu'une eau saumâtre et insuffisante pour éteindre la soif. Un phénomène extraordinaire, inconnu en Europe, ajoute encore au supplice de nos malheureux soldats : le mirage. A chaque instant leurs yeux éblouis aperçoivent au loin des nappes d'eau fraîche et limpide ; ils marchent tout trempés de sueur, mais remplis d'espoir, et les fleuves fuient sans cesse devant eux, comme un appât toujours renaissant et toujours menteur.

Cette première journée est terrible. La nuit n'apporte

5

aucun soulagement à tant de misères, elle ne fait que chan-
ger les tourments que nous endurons pendant le jour; car
avec la nuit vient une rosée glaciale qui engourdit nos
membres harassés et semble nous écraser d'une étreinte
plus rude encore. Eh bien! nos braves troupiers vont sup-
porter ces épreuves avec un courage jusqu'alors sans exemple
dans les fastes de l'histoire. Il y aura peut-être des plaintes
et des récriminations contre le général en chef, mais elles
ne seront pas unanimes. L'armée d'Alexandre, dans une
pareille occasion, avait poussé des cris de douleur contre le
vainqueur du monde. Nous, Français, nous accélérons notre
allure.

Après deux jours de marche, nous arrivons à Damanhour.
On a annoncé aux troupes qu'elles trouveront là de quoi se
refaire de leurs fatigues, et, comme si tout devait être illu-
sion funeste pour notre armée, Dumanhour n'est qu'un
pauvre village composé de misérables huttes où l'on ne
trouve ni pain ni vin, mais seulement quelques lentilles et
de l'eau. Il faut continuer sa route dans le désert.

Des murmures se font entendre dans l'armée; des plaintes
arrivent jusqu'à l'oreille du général en chef. Les soldats
passent vite de l'espoir à la crainte : « Que sommes-nous
venus faire ici? disent-ils, le Directoire nous a déportés. »
Les généraux de prédilection, les aides de camp du héros
d'Arcole et de Rivoli se laissent eux-mêmes aller au désespoir. On voit l'intrépide Lannes, le fougueux Murat, saisir
leur chapeau, le jeter avec désespoir sur le sable et le fouler
aux pieds.

Cependant la présence de Bonaparte, toujours calme au
milieu des fatigues et des privations, impose silence aux
murmures et ranime un peu les courages abattus.

Le 10 juillet, avant le lever du soleil, et après deux jours de repos, on opère un mouvement sur Rahmanieh. Là Bonaparte, suivi de quelques officiers d'état-major, s'étant écarté du gros de l'armée, tombe au milieu d'un corps de Bédouins dont une petite éminence l'a empêché, comme par miracle, d'être aperçu. Échappé au péril, le général en chef dit gaiement à ceux de ses officiers qui le supplient de ne plus s'exposer de la sorte : « Bah ! il n'est pas écrit là-haut que je doive jamais être pris par les Arabes ! »

Encore quelques lieues de route, et après quatre journées de marche au milieu du désert, sous les grands feux de l'été, le Nil apparaît enfin avec ses eaux fraîches et bleuâtres et ses rives couvertes de fertiles moissons. Nos soldats vont enfin goûter quelque repos. Non !... il faut le conquérir, ce repos.

Au loin dans la plaine s'élèvent d'épais tourbillons de poussière. Ce sont les mameluks, les meilleurs cavaliers du monde, qui s'apprêtent à nous disputer la possession de ce fleuve tant désirée. Partout, du Caire jusqu'au désert, les muezzins ont annoncé du haut des minarets l'arrivée de ces *chiens d'infidèles* et ordonné de prendre les armes contre l'ennemi commun. Devançant le gros de l'armée, une forte colonne de mameluks s'est portée à notre rencontre accompagnée d'une flottille. Bientôt le canon de Desaix se fait entendre à l'avant-garde. Les troupes de l'Occident et celles de l'Orient se trouvent en présence près du village de Chébreiss. Le choc est rude.

Sur le fleuve, djermes, canges, dahabiehs, chaloupes et barques canonnières se heurtent proue à proue, bord à bord ; sur le sol, les mameluks, resplendissants d'or, montés sur des coursiers numides rapides comme le vent, chargent avec une impétuosité irrésistible. Mais, brisés par la mitraille de

notre artillerie et les feux de file de notre infanterie, ils se
retirent en bon ordre, prennent la route du désert et disparaissent à l'horizon. Une heure après, nos soldats vainqueurs se précipitent sur les bords du fleuve pour calmer
leur soif ardente et crient enthousiasmés : « Vive le général
Bonaparte ! »

La marche en avant est reprise. Le 19 juillet nous arrivons à Omm-Dynâr. A l'horizon apparaissent trois gros points
sombres se détachant sur le fond jaunâtre du désert, et sem-
blables à trois énormes rochers. Un murmure court aussitôt
d'un bout à l'autre de l'armée : « Les pyramides ! les pyramides ! » En effet, en regardant ces rochers avec attention,
on aperçoit la régularité des arêtes qui décèlent la main des
hommes. A l'instant toutes les lunettes sont braquées sur
les plus grands et les plus anciens monuments qui soient
sortis de la main des hommes. Nous approchons du Caire ;
les fellahs de la vallée du Nil nous instruisent que les mameluks, réunis à la milice de cette ville et à un nombre considérable d'Arabes, de janissaires, de spahis, nous attendent
entre le Nil et les pyramides, couvrant Gizeh. Ils se vantent
que là finiront nos succès.

Nous faisons séjour à Omm-Dynâr. Ce jour de repos sert
à réparer les armes et à nous préparer au combat. La mélan-
colie et la tristesse règnent de nouveau dans l'armée, dont
le mécontentement augmente chaque jour ; les soldats pré-
tendent qu'il n'y a pas de grande ville du Caire, que celle
qui porte ce nom est, comme Damanhour, une vaste réunion
de huttes privées de tout ce qui peut rendre la vie sup-
portable. Leur imagination est tellement tourmentée, que
deux dragons se jettent dans le Nil pour y trouver une mort
prompte. Le mal est dans l'exaltation des têtes.

Le 21, on part de Omm-Dynâr à une heure du matin. Cette journée doit être décisive. Une poignée de guides, dont je fais partie, éclaire l'avant-garde. Bientôt l'aube blanchit l'horizon; le brouillard du Nil commence à tomber en rosée abondante sur nos longs manteaux blancs. Aux premières lueurs du jour, nous apercevons une troupe nombreuse de cavalerie qui se replie rapidement devant nous, et dont les pas légers des chevaux sont étouffés par le sable du désert. Ce sont les mameluks, que nous n'avons pas vus depuis Chébreiss.

L'artillerie légère de notre avant-garde leur envoie plusieurs coups de canon, dont les boulets font voler la terre au loin et les tiennent en respect. Au lever du soleil de grandes acclamations se font entendre : c'est Desaix et l'avant-garde qui saluent les pyramides, ces monuments des vieux siècles d'Égypte. A six heures nous apercevons Embabeh. Là vingt-trois beys avec toutes leurs forces nous attendent fièrement. Les deux armées sont en présence.

Qu'on se figure le champ de bataille : c'est le même que Cambyse, l'autre conquérant venu de l'autre bout du monde, avait choisi pour écraser les Égyptiens. Deux mille quatre cents ans se sont écoulés depuis ce jour. Le Nil et les pyramides sont toujours là; seulement le sphinx de granit, dont les Perses mutilèrent le visage, n'a plus que sa tête gigantesque hors du sable. Le colosse, dont parle Hérodote, est couché. Memphis a disparu, le Caire a surgi. Tous ces souvenirs sont présents à l'esprit des chefs et des soldats. Quant à l'emplacement, c'est une vaste plaine comme il en faut pour les manœuvres de cavalerie. La droite des ennemis est appuyée contre le Nil, sur la rive gauche duquel ils ont établi un grand camp retranché, armé de quarante pièces de canon et défendu par une vingtaine de mille hommes d'infanterie : janissaires, Arabes et milices du Caire.

La ligne de cavalerie des mameluks appuie sa droite au camp retranché et étend sa gauche dans la direction des pyramides, à cheval sur la route de Gizeh. Il y a environ neuf à dix mille chevaux, autant qu'on en peut juger. L'armée entière doit être de soixante mille hommes, y compris l'infanterie et les hommes à pied qui servent chaque cavalier. Deux à trois mille Arabes tiennent l'extrême gauche et remplissent l'intervalle des mameluks aux pyramides. Cette ligne a une étendue de trois lieues.

Le Nil, d'Embabeh à Boulacq et au vieux Caire, est à peine suffisant pour contenir la flotte égyptienne, dont les mâts apparaissent comme une forêt. Elle est de trois cents voiles. La rive droite est couverte de toute la population du Caire, hommes, femmes, enfants, qui sont accourus pour voir cette bataille d'où doit dépendre leur sort.

Mourad-Bey, ou *Emir-el-Hadji* (prince des pèlerins), commande l'armée ennemie. Son visage, coupé par une large balafre, est imposant, son regard vif et perçant, sa physionomie intelligente et spirituelle. Doué d'une grande énergie et d'une force de corps extraordinaire, il possède ce maintien et cet air de dignité que donne habituellement l'exercice d'un grand pouvoir. Lui et son collègue Ibrahim ou *Scheik-el-Beled* (prince du pays) se sont partagé le gouvernement et les dépouilles de la vieille Égypte et la gouvernent en maîtres absolus, au moyen de quelques milliers de mameluks et de janissaires.

Ces deux beys ont fait un pacte de rapine et de sang. Maîtres absolus du pays, depuis le Delta jusqu'à la grande cataracte, ils se gorgent d'or tous les deux, Ibrahim par des

exactions basses et honteuses, Mourad par des expéditions
au grand jour, des violences publiques. Mais chacun d'eux
emploie son or suivant son caractère : Ibrahim l'entasse dans
ses coffres, Mourad le jette à poignées à ses mameluks,
couvre ses femmes de bijoux, ses chevaux de broderies, ses
armes de diamants.

« Songez que du haut de ces monuments quarante siècles vous contemplent ! »

Mourad était à Gizeh quand il a appris l'échec de Chébreiss. Ayant enfin réuni tous ses contingents de guerre,
soixante mille hommes environ, il a pris position devant le
Caire, sur la gauche du Nil, entre le village d'Embabeh, où
il appuie la droite de son armée, et Gizeh, sa résidence favorite, où il établit sa gauche. Quant à lui, il fait planter sa
vaste tente, aux tons multicolores et éclatants, sous un
immense sycomore. C'est dans cette position qu'il attend
l'armée française.

Quant à Ibrahim, il a rassemblé ses femmes, ses chevaux,

ses trésors, et il se tient prudemment de l'autre côté du Nil, sur la rive droite, prêt à fuir dans la haute Égypte si les Français sont vainqueurs.

La vue des deux armées offre un contraste des plus saisissants et des plus dissemblables. D'un côté les soldats de Bonaparte, avec leurs chapeaux de feutre rougis par les rayons ardents du soleil d'Égypte, leurs habits bleus passés de couleur et usés par les longues marches, et leurs hautes guêtres blanches jaunies par le sable du désert.

Vis-à-vis, la cavalerie des mameluks, vêtus avec toute la richesse orientale. Ce sont de beaux chevaux arabes richement harnachés, piaffant, hennissant, caracolant avec grâce et légèreté; ce sont des cavaliers à l'air martial, couverts d'armures étincelantes, enrichies d'or et de pierreries, de costumes divers brillamment bigarrés, la tête ornée de turbans à aigrettes ou de casques dorés, armés de sabres, de lances, de flèches, de carabines.

Cette ligne formidable des mameluks, l'éclat des armes qui brillent au soleil levant, l'aspect des trois cents minarets du Caire, des bosquets de palmiers qui bordent le fleuve, celui des larges et massives pyramides, qui paraissent comme assises à l'horizon pour assister à la lutte qui va s'engager, tout ce tableau imposant et sublime excite parmi nous un sentiment de surprise, d'admiration et d'enthousiasme. L'enthousiasme augmente lorsque le général en chef, parcourant le front de son armée et montrant du doigt l'horizon, prononce cette courte harangue, qui vivra sans doute autant que les pyramides qui en furent témoins :

«Soldats! vous êtes venus dans ces contrées pour les arracher à la barbarie, porter la civilisation dans l'Orient et soustraire cette belle partie du monde au joug de l'Angle-

terre. Nous allons combattre. Songez que du haut de ces
monuments quarante siècles vous contemplent! »

Les paroles de Bonaparte, soudainement répétées jusque
dans les rangs les plus éloignés, nous animent d'un noble
orgueil et d'un indomptable courage. Nous allons avoir l'occasion de nous montrer dignes à la fois du passé et de l'avenir. Bonaparte prend rapidement ses dispositions et développe
notre armée en demi-cercle. Il ne veut pas seulement vaincre
les mameluks, il veut les exterminer d'un seul coup. Il range
ses troupes, la gauche appuyée au Nil, la droite à un grand
village. La tactique des Français est changée. Les demi-brigades d'Italie, habituées à prendre impétueusement l'initia-
tive, doivent, au contraire, se montrer ce jour-là froides et
impassibles dans leurs rangs, car les mameluks l'emportent
sur nos soldats en impétuosité.

Comme à Chébreiss, il oppose la même tactique aux ennemis et forme chacune de ses divisions en un carré gigantesque, sur une profondeur de six hommes à chaque face;
l'artillerie est placée aux angles; au centre les états-majors
et les cavaliers, tous encore démontés, à l'exception de notre
compagnie des guides. Desaix, formant l'avant-garde, commande le premier carré placé à l'extrême droite, entre Gizeh
et Embabeh; puis viennent les divisions Reynier, Kléber,
Vial; et enfin, formant l'extrême gauche et appuyée au Nil,
la division du général Bon. Toutes ces divisions doivent se
mettre en mouvement, marcher sur Embabeh en se rapprochant
l'une de l'autre, et tout jeter dans le Nil : mameluks, chevaux, fantassins et batteries. Bonaparte est au centre avec
la division Kléber, qu'en l'absence de ce brave général,
retenu à Alexandrie par la blessure reçue à la prise de cette
ville, commande le général Dugua.

5*

Notre peloton des guides reçoit l'ordre de sortir de ce carré et d'aller reconnaître rapidement le camp retranché des ennemis. Nous avançons jusqu'à portée de ce camp, où grouille une nombreuse multitude, et reconnaissons qu'il n'est qu'ébauché. Commencé trois jours après la bataille de Chébreiss, il se compose de boyaux, qui peuvent être de quelque effet contre une charge de cavalerie, mais non contre une attaque d'infanterie. Nous constatons aussi que leurs canons ne sont pas sur affûts de campagne : ce sont de grosses pièces en fer montées sur affûts en bois, tirées des bâtiments et servies par les équipages de la flottille. Bonaparte, à qui nous communiquons le résultat de notre reconnaissance, comprend aussitôt que les fantassins ennemis n'oseront pas s'éloigner de cette artillerie immobile. En conséquence il ordonne à Desaix de prolonger sa droite, pour se mettre hors de portée de cette artillerie et d'attaquer ensuite les mameluks, tandis que Vial, de son côté, attaquera le retranchement d'Embabeh : cette manœuvre doit placer l'ennemi entre deux feux.

Mourad-Bey voit nos colonnes s'ébranler et ne tarde pas à deviner notre but, bien qu'il n'ait aucune expérience des manœuvres de bataille. La nature l'a doué d'un coup d'œil pénétrant, d'une extrême résolution et d'un courage à toute épreuve. Les trois affaires que nous avons eues avec les mameluks lui servent déjà d'expérience. Il sent, avec une habileté qui honorerait le général européen le plus consommé, qu'il est perdu s'il laisse l'armée française exécuter son mouvement, et qu'avec sa nombreuse cavalerie il doit attaquer l'infanterie pendant qu'elle est en marche.

Tout à coup nous voyons les queues de chevaux teintes en henné, attachées aux hampes dorées des étendards ennemis,

BATAILLE DES PYRAMIDES (21 juillet 1798).

se grouper au centre de la ligne des mameluks. C'est le signal d'une attaque générale. Aussitôt Mourad-Bey part comme l'éclair avec les deux tiers de ses chevaux (six à sept mille), laissant le reste pour soutenir le camp retranché et encourager l'infanterie, et vient à la tête de cette troupe aborder les divisions Kléber et Reynier, qui se trouvent les plus avancées à notre droite.

Cette charge se fait avec une telle rapidité, qu'on craint un moment que le général Desaix n'ait pas le temps de se mettre en position; son artillerie est embarrassée au passage d'un bois de palmiers. Toutefois les premiers mameluks qui arrivent sur lui sont peu nombreux; on les abat rapidement à coups de fusil; quelques-uns, emportés par leur élan, tombent au milieu des fantassins, qui les lardent à coups de baïonnette. La masse de cavalerie ennemie n'arrive que quelques instants après; ce retard suffit. Nos carrés sont formés. L'ennemi se précipite comme un ouragan, la terre tremble au loin sous le galop furieux de ces sept mille chevaux. Nos soldats, immobiles, la baïonnette en avant, l'œil attentif, voient s'effacer la distance qui les sépare de cette troupe barbare, s'avançant sans ordre et avec de grands cris.

A quinze pas de distance, les carrés éclatent; la fusillade retentit, rapide, serrée et pétillante comme un tonnerre qui gronde. Chevaux et cavaliers se trouvent arrêtés par une muraille de flammes. Les deux premiers rangs des mameluks tombent, comme si le sol avait tremblé sous leurs pas. Le reste de la colonne, emporté par sa course, longe au galop toute la face du carré de Desaix sous un feu à bout portant, et se rejette sur la division Reynier, qui à son tour présente à ces hardis cavaliers le bout des baïonnettes de son premier rang, tandis que les deux autres s'enflamment, et que les angles, en s'ouvrant, laissent passer une grêle de boulets. De nombreux cadavres jonchent la terre. Chevaux et cavaliers font volte-face et vont se reformer hors de la portée du fusil ; car, si emporté qu'ait été l'élan des mameluks, il a été arrêté court par cette terrible décharge.

Desaix et Reynier jettent un coup d'œil sur leurs carrés : pas un homme n'a bougé, chacun est à son rang ; on recharge les armes. Il est temps, l'ennemi revient à la charge ; il y a un moment où les deux divisions sont complètement entourées. Cette milice, dévorante comme la flamme, charge jusque sur nos carrés, hache les canons des fusils avec ses sabres de Damas, visite au galop tous ces angles de fer, dont chaque face lui envoie sa volée, et voyant toute brèche impossible, elle s'éloigne emportée par ses chevaux, laissant autour de nos bataillons une ceinture mouvante encore d'hommes et de chevaux blessés ou mourants, va se reformer plus loin et tenter une nouvelle charge impétueuse et sanglante comme les premières.

Fous de rage, les mameluks chargent à corps perdu et vont s'enferrer dans nos baïonnettes, tandis que les cavaliers démontés se traînent sur les genoux, rampent comme des serpents et vont couper les jarrets de nos soldats. Vainement un bey, audacieux et héroïque guerrier, voyant tous ses efforts échouer contre ces remparts hérissés de fer, se dévoue-t-il avec une quarantaine de mameluks pour ouvrir un passage à Mourad-Bey. Ce petit groupe d'hommes héroïques chargent jusqu'à dix pas, puis, faisant faire volte-face à leurs chevaux, qui s'effrayent à la vue des baïonnettes, ils les forcent d'avancer à reculons, les font cabrer, se renversent avec eux en arrière et parviennent ainsi à ouvrir une brèche ; mais celle-ci se referme aussitôt. Tous ces mameluks périssent ; quelques-uns viennent même mourir aux pieds de Desaix.

Cette horrible mêlée dure plus de trois quarts d'heure, les ennemis s'obstinant à caracoler à portée de la mitraille, passant d'un carré à l'autre au milieu des boulets, de la poussière, des cris et de la fumée. Nos soldats ne se reconnaissent plus à cette manière de se battre ; cependant ils restent impassibles dans leurs rangs et exécutent leurs feux avec un admirable sang-froid. Enfin, mameluks acharnés, cris d'hommes, hennissements de chevaux, flamme et fumée, tout s'évanouit, et il ne reste entre les deux divisions qu'un champ de bataille jonché de morts, de mourants, de débris se plaignant et remuant encore, comme après une tempête une houle mal calmée. Les trois autres carrés assistent l'arme au pied à cette horrible lutte, attendant que vienne l'instant d'agir.

Bonaparte, nous le répétons, ne veut pas seulement vaincre les mameluks, il veut les détruire d'un seul coup. La première colonne ennemie, mise en fuite et dispersée, est allée porter le trouble dans le camp d'Embabeh. Bonaparte s'en aperçoit ; il donne le signal de l'attaque aux autres divisions. Arrivées à quelque distance des retranchements, elles font halte. Les généraux Bon, Menou, Dugua, reçoivent l'ordre de détacher les 1re et 3e compagnies de chaque bataillon, de les former en colonnes, tandis que les autres resteront en carrés et figureront de véritables citadelles. Seulement les carrés ne représentent plus que trois hommes de hauteur.

Les cinq divisions entourent alors Embabeh d'un cercle de feu. Tout à coup la ligne arabe s'enflamme à son tour, les pièces d'artillerie des retranchements et les bombardes de la flottille ennemie croisent leur réseau de feu sur la plaine, et Mourad, à la tête de sa cavalerie qui n'a point encore donné et des débris de celle qui a été dispersée, revient à la charge sur les colonnes d'attaque. Celles-ci se reforment aussitôt en carrés avec un admirable sang-froid, s'arrêtent et attendent.

Alors recommence une nouvelle lutte plus acharnée, plus sanglante encore que la première. Mourad, l'œil en feu, la joue ouverte d'un coup de sabre, le visage ensanglanté, vient tenter, par un dernier effort, de briser enfin ces citadelles vivantes, dont il croit les soldats attachés les uns aux autres.

On voit un spectacle merveilleux : six mille cavaliers, les premiers du monde, montés sur des chevaux dont les pieds laissent à peine leur empreinte sur le sable, tourbillonnent avec d'horribles clameurs autour des carrés immobiles et enflammés, les enveloppent, les chargent, cherchent à les ouvrir, se dispersent, se reforment, se dispersent encore.

Notre compagnie des guides frémit d'impatience en voyant les hauts faits de l'infanterie et demande à grands cris à aller se mesurer corps à corps avec les redoutables mameluks. Sur un signe du général en chef, un des angles de notre carré s'ouvre, et, conduits par Bessières et Junot, nous tombons au galop et le sabre haut sur les cavaliers de Mourad-Bey. Les mameluks nous attendent de pied ferme ; chaque combattant choisit son adversaire, on s'attaque homme à homme ; on dirait une véritable rencontre en champ clos.

Un aga reconnaît Junot pour un chef à son panache et à ses aiguillettes flottantes, et, suivi de son mameluk, lance son cheval sur lui. Junot laisse pendre son sabre à la dra-

gonne, tire de ses fontes un excellent pistolet, lève lentement la main, vise l'aga, qui, courbé sur sa selle, précède
son mameluk de cinq à six pas, et, entre les deux oreilles de
son cheval, lui loge une balle au milieu du front. L'aga

Junot et les guides chargent les mameluks.

étend les bras, se renverse en arrière, vide les arçons et
tombe. Quant au mameluk, qui le suit, un coup de sabre
lui ouvre la tête.

Ce nouveau combat dure une heure. Cependant nos carrés
s'avancent toujours, et les mameluks, décimés par notre feu
et abattus en grand nombre, commencent à faiblir. C'est
à nos braves fantassins d'attaquer à leur tour les ennemis.
Se jetant à corps perdu sur les mameluks, ils les font
dégringoler de leurs chevaux à grands coups de baïonnette.

Le caporal Jean Cambfort, de la 32e, arrache un étendard des mains d'un mameluk; un soldat de la 79e, nommé Lebrice, enlève également un trophée.

Bonaparte ordonne alors une dernière manœuvre, et tout est fini; les carrés s'ouvrent, se développent et se réunissent comme les tronçons d'une chaîne. Mourad, qui a le coup d'œil d'un capitaine, voit que la bataille est perdue. Il rallie ce qui lui reste d'hommes montés, et, afin de se faire jour dans la direction d'Embabeh, tombe en désespéré sur la colonne du général Rampon; les mameluks échouent encore contre ce nouvel obstacle, tournent bride et s'élancent tête baissée, au galop des chevaux, dans l'ouverture que la division Desaix laisse entre elle et le Nil; mais un bataillon de carabiniers devant lequel ils sont obligés de passer à cinq pas en fait une effroyable boucherie. Mourad-Bey, n'emmenant dans sa retraite que deux mille cinq cents mameluks échappés au carnage, s'enfonce dans le village de Gizeh et disparaît dans la direction de la haute Égypte.

La plus horrible confusion règne à ce moment dans le camp d'Embabeh. Bon, Menou et Rampon marchent sur les retranchements au pas de charge et la baïonnette croisée. Les janissaires et les fellahs préposés à la garde du camp sont terrifiés et s'enfuient en désordre, abandonnant les quarante pièces de canon, qui n'ont pas tiré deux cents coups. Cette infanterie se précipite sur les djermes, kaïkes et dahabiehs pour repasser le Nil. Beaucoup le font à la nage, les Égyptiens excellant dans cet exercice. La majeure partie des mameluks, qui n'ont pu suivre Mourad-Bey dans sa fuite, essayent alors de gagner Gizeh à leur tour; mais, arrêtés de tous côtés, ils hésitent, tourbillonnent sur eux-mêmes. Resserrés entre nos carrés, leurs propres batteries, devenues les nôtres, et le Nil, ils se voient acculés au fleuve.

Notre infanterie aborde vivement le camp, et massacre les mameluks qui essayent de résister. Le plus grand nombre de ces cavaliers veulent tenter la voie désespérée de salut qu'ont suivie les fellahs en traversant le Nil à la nage, et, poussés la baïonnette dans les reins, se jettent dans le fleuve; mais ces malheureux se noient, entraînés par le poids de leurs armures.

Retranchements, camp, mille prisonniers, neuf cents chameaux chargés de vivres, quarante canons, plusieurs milliers de chevaux arabes, tout est tombé en notre pouvoir. De douze mille mameluks, il n'en échappe que deux mille cinq cents avec Mourad-Bey; sept mille cinq cents périssent dans cette bataille, si fatale à cette noble milice d'esclaves, l'élite de la cavalerie d'Orient, qui ne s'en releva jamais. Trois mille janissaires et fellahs ont en outre trouvé la mort dans les eaux du Nil.

Leurs nombreux cadavres, entraînés par le courant, portent en peu de jours jusqu'à Damiette, à Rosette, et le long du rivage, la nouvelle de notre victoire. Nos pertes, moins que minimes, s'élèvent seulement à trente tués et deux cent cinquante blessés.

Ibrahim, qui était resté de l'autre côté du fleuve, se retire en toute hâte vers Belbeys, pour s'enfoncer dans la Syrie. Une troupe de Bédouins accourus du fond du désert, pour assister au pillage si les Français sont vaincus, a également vu la bataille sans y prendre part. Placés en ligne entre les mameluks et les pyramides, ils s'enfuient pleins d'effroi dans le désert et vont annoncer au loin que l'Égypte a changé de maître.

Au moment de la bataille, les mameluks avaient sur le Nil soixante bâtiments chargés de toutes leurs richesses. La fatale issue du combat et les canons français déjà braqués sur le fleuve, au delà des débouchés de l'île de Rodah, leur ôtent l'espérance de les sauver, et ils les incendient. Le Nil est sur-le-champ couvert de feu. Cet incendie est considérable et d'un effet magique ; à travers les tourbillons de flammes et de fumée, on aperçoit les minarets et les édifices du Caire, rouges de la lueur qui illumine au loin l'horizon et atteint même les massives pyramides.

Nos soldats ont trouvé dans le camp retranché de nombreuses provisions de bouche, des bagages et surtout beaucoup de butin. Ce sont des cachemires, des étoffes de soie, de riches armures, des chevaux, des armes précieuses garnies d'or et d'argent, ornées de belles ciselures, des bourses pleines d'or, car les mameluks portaient sur eux de magnifiques vêtements, leurs armes de gala et leur argent. Aussi les troupiers, après avoir dépouillé les cadavres des mameluks couchés dans la plaine, s'occupent activement à repêcher ceux qui se sont noyés dans le Nil. On met en vente les dépouilles conquises dans le combat ; le champ de bataille est devenu un marché. Au milieu des cadavres, on vend des chevaux, des armes, des vêtements, des selles, des housses, des chameaux. Il règne une joie bruyante ; les uns mangent et boivent, d'autres se parent de turbans et de pelisses ; personne ne songe plus aux souffrances qu'il a endurées.

Bonaparte couche le soir même à Gizeh, dans la maison de plaisance de Mourad-Bey, et ses soldats sur le champ de bataille qu'ont occupé les mameluks.

Le lendemain, Bonaparte reçoit une députation des cheiks

du Caire, accompagnés de quelques négociants français qui lui annoncent la soumission de la ville et implorent sa clémence. Le même jour, il se décide à prendre possession du Caire, et envoie dans ce but le brave général Dupuy, l'adjudant général Beauvais, le colonel Darmagnac, de la 32e, et les grenadiers de cette demi-brigade.

L'occupation se fait sans résistance, et, le 25 juillet, Bonaparte faisait à son tour son entrée dans la capitale de l'Égypte, au milieu de la foule du peuple accouru pour contempler le vainqueur des mameluks.

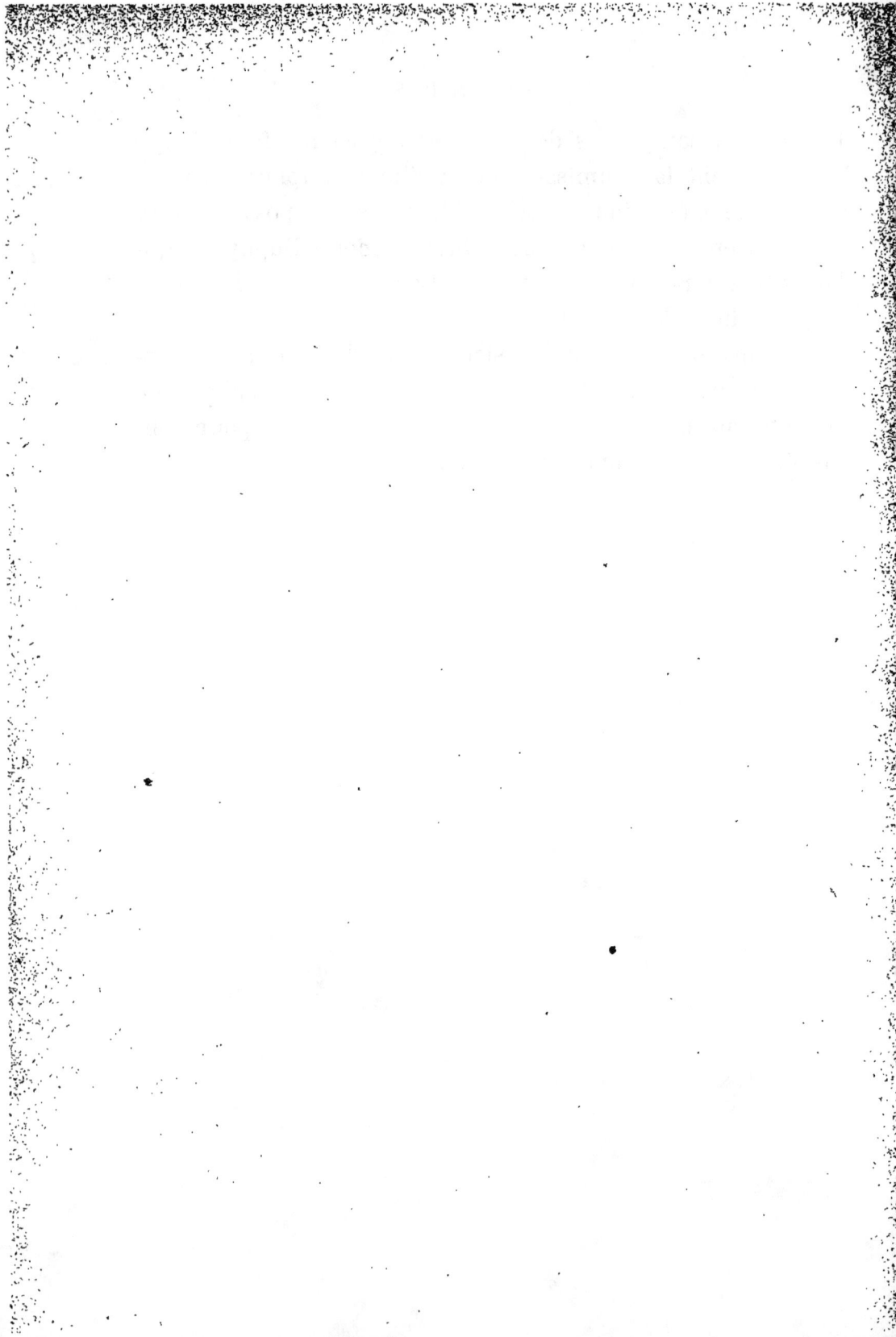

ZURICH

(25-26 SEPTEMBRE 1799)

PAR UN SOLDAT DE LA 102ᵉ DEMI-BRIGADE DE LIGNE

Vers le milieu de l'année 1799, la France se trouvait de nouveau dans une situation des plus critiques. Nos provinces du Nord se voyaient de nouveau menacées comme l'étaient l'Alsace et la Provence. Le sol sacré de la patrie n'avait pas encore été envahi ; mais, du Zuyderzée à l'Apennin, une immense ligne de fer l'enveloppait et s'en approchait chaque jour ; les grands périls de 1792 et de 1793 reparaissaient.

Une seule chose les conjurait encore : nous étions maîtres de la Suisse. Or, tant que ce saillant, qui coupait la ligne ennemie par le centre, n'était pas enlevé, les deux ailes de la coalition ne pouvaient s'aventurer bien loin. Il fallait nous arracher la Suisse.

Là commande un grand homme de guerre, Masséna, que la Révolution a trouvé adjudant sous-officier, et dont elle a fait bien vite un général. Seul de nos généraux, il a eu dans cette campagne du succès et s'est avancé jusque chez les Grisons ; mais, débordé à droite et à gauche par les progrès de l'ennemi dans la vallée du Pô et dans celle du Danube, il s'est d'abord replié sur le Rhin, puis sur le lac de Zurich, enfin, plus loin encore, sur la chaîne de l'Albis, qui lui sert comme de forteresse. De là il tient, par son aile droite que commande Lecourbe, le Saint-Gothard, porte de l'Italie ; et par son aile gauche, Bâle et le Rhin, porte de la France. En face de lui est le lac de Zurich et deux rivières : la Linth qui tombe dans ce lac, et la Limmath, qui en sort ; au delà, appuyée sur ce lac et ces deux rivières, une armée austro-russe, commandée par l'archiduc Charles et le prince russe Korsakoff.

On a ainsi mêlé partout les deux peuples pour exciter leur émulation, mais le contraire est arrivé : on a presque éveillé leur haine. Korsakoff est moins réservé encore que Souwaroff. En prenant congé du tzar, il lui a promis d'anéantir l'armée française. Envers les Autrichiens il est plein d'arrogance et de dédain. L'archiduc lui désignant un point à garder : « Oui, dit-il, mais là où vous mettez un bataillon autrichien, il suffira d'une compagnie russe. » Et, comme le prince indique la route à suivre en cas de retraite, il l'interrompt encore en disant : « Les Russes ne se retirent jamais ! »

Cette jactance de mauvais goût, et qui va être sitôt démentie, blesse la fierté des Autrichiens. Pour mettre fin à toutes ces querelles, le conseil aulique, qui a la direction suprême des opérations, imagine de porter Souwaroff en Suisse, sous prétexte que les Russes trouveront là un climat qui leur conviendra mieux, et de faire descendre l'archiduc sur le Rhin. De la sorte il n'y aura plus que des Autrichiens en Italie et en Allemagne, que des Russes en Suisse. Si ce changement est très politique, il est fort peu militaire, car il nécessite, de Turin à Strasbourg, une marche de flanc en face et à portée de Masséna, qui trouvera sans doute quelque occasion de punir cette témérité.

Le général français, en effet, surprend avec un admirable
à-propos les coalisés au milieu de leur manœuvre, quand
l'archiduc a déjà quitté la Suisse, quand Souwaroff n'y est
pas encore arrivé, et que Korsakoff affaiblit sa ligne en con-
centrant ses principales forces dans Zurich, d'où il se propose de déboucher le lendemain, pour commencer contre

Passage de la Limmath par la 102ᵉ demi-brigade de ligne (25 septembre 1799).

Masséna une attaque qui puisse empêcher celui-ci d'entendre le bruit de l'éloignement des Autrichiens et de
l'approche de Souwaroff.

Masséna prend aussitôt ses dispositions : tandis que Mortier, laissé devant Zurich, attirera sur lui, par de vives
démonstrations, l'attention du prince Korsakoff et de la flottille qui garde les approches de cette ville, deux passages
s'effectueront au-dessous et au-dessus du lac. Soult franchira
la Linth, et Masséna la Limmath. Le 24 septembre au soir,
nous nous mettons en mouvement. L'aspect de nos troupes
est, à première vue, des plus misérables : plus de souliers,
des vêtements en lambeaux ; mais depuis bientôt une année
que nous bataillons à travers les rochers, nos membres ont

6

pris la force de résistance de l'acier, et nous courons comme des chamois sur les cimes les plus escarpées et à côté des plus effroyables précipices. Nous arrivons à la nuit et dans le plus profond silence sur le bord de la Limmath. Aucun bruit ne se fait entendre de notre côté. Sur la rive opposée, nous apercevons dans l'obscurité briller les feux des campements russes.

Au petit jour, une avant-garde de six cents hommes, dont ma compagnie fait partie, s'embarque à bord de bateaux réunis de longue main et en secret à cet endroit. Le général Gazan nous commande. Bientôt nous touchons à la rive opposée. Plusieurs coups de feu retentissent : ce sont des cavaliers ennemis qui viennent de donner l'alarme et se replient au galop. Nous ripostons ; un de ces cavaliers vide les étriers et vient tomber tout sanglant à nos pieds ; on le relève, on le secoue : rien, il reste immobile ; une balle l'a atteint à la nuque, lui brisant la colonne vertébrale : la mort a été instantanée. Nous regardons curieusement ce type de Russe, qui est tout nouveau pour nous : teint jaunâtre, barbe rousse et crépue, nez épaté, pommettes saillantes ; il est coiffé d'un bonnet en peau de mouton et vêtu d'une courte veste, ainsi que d'un large pantalon bouffant ; une lance est tombée à côté de lui : c'est un Cosaque irrégulier du Don. Presque aussitôt une décharge éclate devant nous ; les balles, tirées trop haut, passent en sifflant au-dessus de nos têtes comme un essaim d'abeilles, et brisent quelques baïonnettes.

La brigade russe qui défend cette position a pris les armes et se prépare à une vive résistance. En même temps le canon retentit à notre droite. Ce sont des batteries que le chef d'escadron Foy vient d'établir sur la rive opposée, et qui tirent par-dessus la Limmath, afin de soutenir notre attaque. Le général Gazan se tourne vers nous : « En avant! à la baïonnette! » crie-t-il en brandissant son sabre. Nous partons tête baissée, la baïonnette basse, et tombons sur les Russes, qui nous reçoivent avec une vigueur extraordinaire.

Malgré leur bravoure nous les écrasons; leurs batteries placées en avant du village de Hongg tombent en notre pouvoir : le passage de la Limmath est libre.

Quinze mille de nos soldats couronnent bientôt le Zurichberg, où est construit ce village et d'où l'on domine Zurich. Sur l'autre rive, les divisions Mortier et Klein approchent des portes. Au loin on entend tonner le canon sur la Linth : c'est Soult qui franchit cette rivière. Les Russes vont être enveloppés. Avant que toute issue leur soit fermée, Korsakoff, se voyant pressé aussi vivement, réunit ce qui lui reste d'hommes valides et en forme une épaisse colonne, serrée en masse par bataillons, avec laquelle il s'avance contre nos troupes qui débouchent de Hongg. Cette énorme colonne, toute pailletée par l'acier de ses baïonnettes et présentant un effectif de quinze à seize mille hommes, s'avance avec une extrême résolution, les tambours battant la charge, et en poussant des hourras sauvages.

L'attaque est vive et terrible. Les Russes se jettent sur nous comme des loups en furie et sont reçus par une terrible décharge à bout portant, qui couvre la terre de leurs cadavres. Ils reculent en désordre. Korsakoff, accourant à la tête de son état-major, parvient à rallier ses soldats et les ramène au combat. Nos troupiers, fermes et impassibles, résistent avec un admirable sang-froid à l'impétuosité des soldats de l'Ukraine; mais, écrasés par le nombre toujours croissant de leurs adversaires, ils reculent peu à peu. Masséna dirige

alors de ce côté des batteries d'artillerie légère qui partent
à fond de train, les artilleurs galopant derrière les pièces,
le sabre à l'épaule, le plumet flottant, la veste bleue à
tresses rouges et le pantalon garni de boutons de cuivre de
la cheville à la ceinture.

L'aspect du combat est des plus saisissants. Dans le fond,
le lac de Zurich avec ses eaux bleues et limpides, les hautes
montagnes à la cime couverte de neige, la ville avec sa ceinture de remparts sombres, et partout de nombreux chalets
aux galeries découpées à jour et à la toiture chargée de
larges fragments de rochers. En avant, la colonne russe
avançant toujours, et nos soldats battant lentement en retraite,
se retournant à chaque pas pour décharger leur fusil. Quand
les Russes nous serrent de trop près, on les refoule à la
baïonnette. Dans un de ces retours offensifs, le sergent Plo-
mion, de la 58ᵉ demi-brigade de ligne, s'aperçoit que le
porte-drapeau de sa demi-brigade vient de tomber mort et
qu'un soldat moscovite s'est emparé de l'étendard. Aussitôt
il se précipite sur le Russe, lutte avec lui, lui arrache le
drapeau des mains et rejoint son bataillon au milieu d'une
grêle de balles. Malgré nos efforts, tout cède devant cette
redoutable infanterie; déjà les Russes ont gagné le chemin
de Winterthur et renversé la brigade Bontemps.

A ce moment Masséna arrive avec son artillerie légère en
présence de l'ennemi. Derrière lui accourent au pas de
charge les troupes de Lorges et de Gazan : d'un coup d'œil
il a compris notre situation. Faisant reployer ses ailes sur
son centre pour opposer une plus forte résistance, il place
son artillerie en batterie sur les flancs de la colonne ennemie pour l'entamer. Celle-ci s'arrête et reste longtemps inébranlable sous le feu de notre artillerie. Aucun boulet n'est

perdu; chaque projectile, tiré à demi-portée, s'enfonce en sifflant dans la masse ennemie et y ouvre de sanglantes trouées. A chaque décharge nous apercevons les fusils et les bonnets des Russes voler en l'air, les corps mutilés rouler sur le sol, et les rangs osciller comme un champ d'épis fouettés par le vent.

L'infanterie française refoule les Russes dans Zurich (26 septembre 1799).

Rien n'y fait, les rangs se resserrent toujours, et les survivants continuent le feu, protégés par de véritables épaulements de cadavres. Enfin le canon, comme à la bataille de Fontenoy, ayant mutilé cette colonne et les rangs ne pouvant plus se reformer, Masséna nous lance à la baïonnette dans les vides que cette canonnade meurtrière vient de faire.

En conduisant cette attaque, Masséna est jeté à bas de son cheval. A cette vue un grand cri s'élève dans nos bataillons: on croit le général tué ou dangereusement blessé. Afin que sa chute n'arrête pas les troupes, l'*enfant chéri de la Victoire* saisit un drapeau, et, à la tête d'un bataillon, se précipite sur l'ennemi. Excités par tant de courage, les soldats se jettent avec furie sur les Russes.

En quelques instants cette masse ennemie est rompue et couvre le champ de bataille de morts et de blessés. L'ennemi, qui jusque-là voulait s'ouvrir à tout prix un passage, lâche pied et s'enfuit dans le plus grand désordre vers Zurich, jetant ses armes et son équipement de tous côtés.

Masséna lance alors à sa poursuite la cavalerie du général Klein : dragons, houzards et chasseurs partent au galop et passent contre nous comme un ouragan. Bientôt ils sont au milieu des Russes, et achèvent de les disperser en les sabrant sans pitié.

Les Russes, toujours poursuivis la pointe dans les reins, se jettent dans les faubourgs de Zurich, où notre cavalerie entrerait pêle-mêle avec les fuyards, si à ce moment elle n'était arrêtée par l'artillerie des ouvrages.

Après cette victoire signalée, nos troupes, bien que harassées de fatigue, ne prennent pas de repos. Masséna, comme César, croyant n'avoir rien accompli tant qu'il lui reste quelque chose à faire, donne l'ordre d'occuper toutes les hauteurs qui dominent Zurich, et fait sommer la ville d'ouvrir ses portes; mais le général russe propose des conditions qui ne sont point acceptées. Après avoir pris toutes ses dispositions pour continuer le lendemain ses succès, Masséna donne à nos troupes victorieuses un repos devenu bien nécessaire après les fatigues de cette première journée.

Pendant la nuit, Korsakoff concentre toutes ses troupes en arrière de Zurich. Se croyant en mesure de reprendre l'offensive, ce général, au point du jour, se lance à l'attaque de nos positions. Nous sommes réveillés le 26 au matin par une violente fusillade. Nos avant-postes se replient en donnant l'alarme. De même que la veille, l'infanterie russe s'avance au pas de charge, en chantant la *marche de Praga*. Le combat s'engage vivement; longtemps le succès reste indécis. Les Russes font des efforts incroyables pour rester maîtres de la route de Winterthur, par où ils commencent à faire filer leurs équipages, qu'ils évacuent de Zurich; une seule

Masséna à Zurich (20 septembre 1799).

position leur reste pour faciliter cette évacuation : elle est prise et reprise successivement par les deux partis.

De chaque côté on fait preuve d'un acharnement extrême. A un moment, l'adjudant-major Blan, du 1er bataillon d'élite du Valais, voyant ses hommes hésiter à aborder les Russes, saisit le drapeau, et, se portant à la tête de la colonne, s'écrie : « Pour les braves ! En avant ! » Il fait battre la charge, et le bataillon culbute tout ce qui se présente devant lui.

Notre artillerie légère accourt de nouveau, et, comme la
veille, couvre la colonne ennemie de boulets et d'obus.
Notre infanterie se forme alors en colonne serrée et exécute
une dernière et irrésistible charge. L'artillerie russe essaye
de nous arrêter. On court dessus, les artilleurs sont massa-
crés sur leurs affûts ensanglantés. Les troupes russes, mises
dans une déroute complète, se sauvent dans le plus grand
désordre, n'emmenant qu'une pièce de canon ; onze drapeaux,
toute l'artillerie, les munitions, les bagages, le trésor, la
chancellerie et jusqu'à la chapelle de l'armée russe, tout
tombe en notre pouvoir.

Korsakoff, quelques jours auparavant si hautain et qui
promettait d'envoyer bientôt Masséna à Saint-Pétersbourg
pour y montrer ce que c'était qu'un républicain, s'échappe
avec une armée mutilée, furieux de sa défaite et désespéré
de la situation qu'il laisse à l'*invincible Souwaroff*.

Immédiatement après cette nouvelle victoire, Masséna
s'occupe de l'attaque de Zurich. Le général Oudinot s'empare
du faubourg de Baden et s'avance avec une colonne vers la
porte du même nom. Des sapeurs essayent d'enfoncer cette
porte à coups de hache, mais tous sont tués ou blessés par
la fusillade meurtrière qui part du haut des remparts. Enfin
une pièce est amenée à bras et pointée contre la porte. Au
premier boulet, les battants de chêne se crevassent ; au
second, les gonds se descellent de la muraille ; au troisième,
la lourde porte s'abat au milieu d'un nuage de poussière.

Les soldats d'Oudinot se précipitent dans la ville en poursuivant l'ennemi de rue en rue. En même temps les grenadiers de Klein pénètrent dans Zurich par le quartier dit la
Petite Ville, que les Russes ont laissé sans défense. Une
colonne des équipages de Korsakoff, qui est engagée dans

les rues, tombe en notre pouvoir. Tous les prisonniers français faits dans les dernières affaires sont également délivrés en cette occasion.

Souwaroff arrive en ce moment du Saint-Gothard, après d'immenses fatigues et de grandes pertes que Lecourbe lui a fait essuyer en lui disputant chaque rocher de la route. Il croit tomber dans le flanc droit de l'armée française ébranlée par une vive attaque de front, passer aisément par ses derrières et l'écraser entre son armée et celle de Korsakoff et de Hotze. Tout au contraire, il se heurte contre des troupes victorieuses, qui l'arrêtent, qui le repoussent dans les montagnes d'où il descend, qui vont l'y enfermer et l'y détruire jusqu'au dernier homme. Il n'a d'autre ressource que de se jeter dans les gorges effroyables du pays des Grisons, par des sentiers où il est obligé de défiler homme par homme. Le temps est affreux. On met plus de trois jours à faire un trajet de deux heures en temps ordinaire. En une nuit, deux cents hommes et tous les chevaux périssent de froid.

L'audacieux Lecourbe se jette à la poursuite de Souwaroff, et cette retraite se change bientôt en désastre. Des traces horribles indiquent la marche de ces fiers conquérants de l'Italie. A chaque pas on rencontre des hommes mutilés, d'autres mourant de faim ou expirant de fatigue ; des chevaux, des mulets estropiés, des débris de caissons et d'équipages jalonnent la route, et souvent nos soldats laissent retomber sans frapper le fer levé sur ces malheureux soldats de l'Ukraine, tant les scènes qui se présentent à leurs yeux sont déchirantes. Ces rudes hommes du Nord, que l'habitude de vivre dans la misère et dans l'obéissance absolue rend si patients et si dociles, refusent un moment d'avancer.

6*

Souwaroff fait creuser une fosse, y jette ses décorations, ses épaulettes, s'y couche et dit à ses grenadiers : « Couvrez-moi de terre, vous n'êtes plus mes enfants; je ne suis plus votre père; enterrez-moi ici. » Ils se précipitent sur lui, le relèvent, et la marche continue, marquée par les morts et les mourants qui tombent à chaque pas.

Ce bel ensemble de manœuvres appelé la bataille de Zurich est le plus glorieux fleuron de la couronne militaire de Mas-séna. Il coûta à la coalition trente mille hommes, plus de cent pièces de canon et la défection des Russes. Souwaroff, qui se croyait invincible, se retira plein de honte et de rage. Il rejeta toute la faute sur les Autrichiens, et refusa de servir avec eux désormais. La coalition se trouva dissoute.

MARENGO

(14 juin 1800)

PAR UN GRENADIER A CHEVAL DE LA GARDE CONSULAIRE

Un arrêté des consuls daté du 7 frimaire an VIII (28 novembre 1799) avait fixé l'organisation d'une *Garde consulaire* composée de deux bataillons de grenadiers, d'une compagnie d'infanterie légère, de deux escadrons de chasseurs à cheval formés en grande partie des anciens guides des armées d'Italie et d'Égypte, de trois escadrons de grenadiers à cheval et d'une compagnie d'artillerie légère. Le général Bessières commandait en chef cette troupe d'élite; Frère, l'infanterie; Ordener, la cavalerie.

Je fus incorporé dans l'escadron de grenadiers du commandant Guiton. Notre nouvelle tenue était des plus martiales : habit bleu, les doublures et retroussis écarlates avec quatre grenades en laine jaune, les revers blancs, les boutons jaunes empreints du faisceau de licteurs, et cette légende tout autour : *Garde des consuls;* veste et culotte blanches, la haute botte, les épaulettes en forme de trèfles et les aiguillettes en laine jaune. Pour coiffure le bonnet d'oursin, garni d'une plaque portant une grenade, sur le sommet une croix en galon de laine jaune, sur fond écarlate, un cordon en laine jaune à un seul gland, le plumet rouge et la cocarde nationale. La giberne était ornée d'une grenade en cuivre; pour armes, le sabre droit à fourreau de cuivre, le mousqueton et deux pistolets. La cavalerie fut casernée au quartier de la rue de Babylone. Nous passâmes l'hiver à Paris.

Tout à coup, au printemps de l'année suivante, nous reçûmes l'ordre de partir pour le camp de Dijon, qui n'existait pas, car je ne l'ai jamais vu.

Nous partons toute la garde ensemble pour Corbeil, où Lannes nous fait camper dans les vignes; tout le long de la route nous bivouaquons ainsi. Cette vie dure jusqu'à Dijon, où nous logeons chez l'habitant et y restons près de six semaines. Dans les premiers jours de mai, Bonaparte vient nous rejoindre. L'armée, qui s'est concentrée sans bruit dans les environs, se met aussitôt en marche vers la Suisse, précédée d'une avant-garde de six beaux régiments. Nous traversons successivement Dôle, Poligny, Morez et Nyon, où le premier consul nous passé en revue dans une belle plaine.

Le lendemain nous partons pour Lausanne, une très jolie ville; Bonaparte y couche, et nous sommes bien reçus.

De Lausanne, après avoir tourné le lac de Genève, on remonte la vallée du Rhône et on arrive à Saint-Maurice. De là nous partons pour Martigny; là on quitte la vallée du Rhône pour prendre la vallée qui conduit au Saint-Bernard, et l'on arrive au bourg de Saint-Pierre, situé au pied de la gorge du Saint-Bernard, où nous devons nous engager pour déboucher en Italie. Ce village n'est composé que de baraques couvertes de planches, avec des granges d'une grandeur immense, où nous couchons pêle-mêle.

Le général du génie Marescot, chargé de faire la reconnaissance des Alpes, s'est prononcé pour le grand Saint-Bernard; mais il regarde l'opération comme très difficile : « Difficile soit, a répondu Bonaparte; mais est-elle possible? — Je le crois, à condition d'efforts extraordinaires. — Eh bien! partons. » De Lausanne jusqu'à Saint-Pierre, le chemin a

Passage du mont Saint-Bernard.

été praticable; à ce village, les obstacles commencent. Pour l'artillerie en particulier, ils paraissent insurmontables; néanmoins il a été pourvu à tout par la prévoyance des généraux Gassendi et Marmont, qui appartiennent à cette arme.

Là on démonte notre artillerie : chaque bouche à feu, détachée de son attirail, est placée dans un tronc d'arbre habilement creusé en forme d'auge; au bout de cette auge il y a une grande mortaise pour conduire chaque pièce, que gouverne un canonnier, lequel commande quarante soldats d'infanterie. Les affûts, les caissons, les voitures sont également démontés; partie est chargée sur des traîneaux, partie sur des mulets, ainsi que des milliers de petites caisses remplies de munitions pour les pièces et de cartouches pour les hommes.

Tout est prêt pour le lendemain; on nous fait une distribution de biscuits; nos camarades de l'infanterie reçoivent en outre deux paires de souliers. L'avant-garde, dirigée par le brave Lannes, part à minuit. On devance ainsi le lever du soleil pour n'avoir pas à craindre les avalanches, plus fréquentes après la chaleur du jour. Ces sept à huit mille hommes de Lannes sont de vieux régiments qui ont conservé le sentiment de leur supériorité dans la précédente guerre d'Italie. Ces hommes d'élite auront les principaux honneurs de la campagne.

Au petit jour, la garde consulaire se met également en route, les cavaliers à pied tenant leurs chevaux par la bride, les grenadiers traînant les pièces de leur compagnie d'artillerie. De Saint-Pierre au sommet du Saint-Bernard, où il faut plus de huit heures de marche pour y arriver, on ne trouve qu'un étroit sentier, où un seul homme peut passer. Ce sentier est bordé de rochers entassés les uns sur les autres d'une manière aussi pittoresque qu'effrayante. Le chamois et quelques oiseaux sont les seuls êtres vivants que l'on puisse rencontrer dans ces régions. Le voyageur voit les nuages se former au-dessous de lui, et n'est environné que de masses énormes de neiges et de glaces qui se perdent dans les airs. Il entend au loin bruire les eaux de la Durance et de la Doria, qui coulent dans les anfractuosités de la montagne; quelquefois le fracas des avalanches qui se précipitent dans les abîmes vient le frapper d'épouvante. Tel est le chemin que nous devons parcourir.

Nous voilà partis. En avant, nos grenadiers traînant leurs

pièces de canon. Quarante hommes sont affectés à chaque bouche à feu : vingt pour la haler (dix de chaque côté, tenant des bâtons en travers de la corde qui sert de prolonge); les vingt autres portent les fusils, les roues, les essieux et le caisson de la pièce. Ces braves gens enlèvent à force de bras ces lourdes masses, dont le poids, diminué quand le terrain se trouve plus égal, se multiplie souvent par les aspérités à pic de la montagne.

Par moments, quand les difficultés augmentent, de nouveaux soldats viennent aider leurs camarades; on voit même des officiers s'offrir avec un égal empressement pour cette honorable corvée. On tire sur les câbles avec une ardeur et une énergie prodigieuses.

La musique des régiments anime la marche par des airs joyeux ou guerriers. Les soldats, outre leurs armes et le sac, portent encore de nombreuses munitions et cinq jours de vivres; malgré ce fardeau, dont le poids est évalué à plus de soixante-dix livres, ils marchent avec ardeur, osant à peine prendre une minute de repos, pour ne pas ralentir la rapidité d'un mouvement dont ils sentent toute l'importance. Lorsque, engourdis par le froid ou harassés de fatigue, ils sentent que le courage et leurs forces vont les abandonner, ils demandent qu'on batte la charge : c'est l'escalade de la gloire, et c'est au bruit du tambour, répété au loin par les échos des montagnes, c'est en s'excitant encore par les chants guerriers, qu'ils continuent leur route.

Le sentier est couvert de glace qui coupe les souliers; les pièces glissent à chaque instant. Après deux heures de marche dans ce pénible chemin, les fantassins attelés aux pièces font halte, pour prendre un moment de répit et mettre de nouveaux souliers, les premiers étant en lambeaux. On repart.

« Allons, en avant, les enfants! disent les officiers ; gagnons les neiges, nous serons mieux, nous n'aurons pas tant de peine. »

Enfin, après des efforts inouïs, nous arrivons au premier terme de nos fatigues, à l'hospice du mont Saint-Bernard. Bonaparte a fait remettre aux religieux une assez forte somme, au moyen de laquelle ils ont pu se procurer les provisions nécessaires à cette étape improvisée. Chaque soldat reçoit un verre de vin et une livre de pain avec un morceau de fromage de Gruyère. Les bons moines président aux distributions avec une patience et une gaieté admirables. Auprès d'eux se tiennent leurs grands chiens, toujours en faction pour guider les malheureux qui pourraient tomber dans les avalanches de neige et prêts à les conduire dans cette maison, où l'on trouve tous les secours dus à l'humanité.

Le plateau sur lequel est bâti le couvent offre dans cette journée le spectacle le plus pittoresque. A côté des tables dressées autour du bâtiment on voit, épars çà et là, des canons, des affûts, des caissons, des traîneaux, des brancards, des bagages, des munitions, des faisceaux d'armes, des mulets, des chevaux, et, au milieu de tout cet attirail de guerre, les soldats français buvant à la santé de leur général, du chef de l'État, et jetant tour à tour des regards d'espérance sur l'Italie, qu'ils vont conquérir, et sur le sol de la patrie, qui va recevoir un nouveau lustre de leurs victoires.

Nous sommes au 18 mai 1800, date à jamais mémorable Après quelques heures de repos, nous quittons le plateau de la montagne et nous préparons à descendre le versant méridional du Saint-Bernard. Cette marche offre autant de difficultés que la première. Elle est moins fatigante en apparence, mais plus dangereuse en raison de l'extrême rapidité de la pente. Les neiges, qui commencent à se fondre, se crevassent en s'affaissant, et le moindre faux pas peut entraîner dans les précipices les hommes et les chevaux. Ceux-ci surtout ont la plus grande peine à se soutenir, et plusieurs périssent, écrasés contre des rochers ou ensevelis dans des fondrières de neige.

Pour éviter les accidents dont quelques-uns sont devenus les victimes, beaucoup d'entre nous prennent le parti de s'asseoir sur la neige et de se laisser glisser jusqu'au bas de la pente. Ceux qui passent les premiers rendent service à ceux qui les suivent, parce qu'ils foulent la neige et tracent le chemin. Cette rapide descente nous fait beaucoup rire; nous ne sommes arrêtés que par la boue, qui remplace la neige fondue, à environ cinq à six cents toises.

Les généraux, les officiers et Bonaparte lui-même emploient ce moyen de descendre plus vite et sans danger. Après deux heures de cette descente à pic nous arrivons à Saint-Remy. Ce village est tout à fait dans des enfers de neige; les maisons sont très basses et couvertes en laves très larges; nous y passons la nuit. Je me glisse dans le fond d'une écurie où je trouve de la paille, et je passe une bonne nuit avec une vingtaine de mes camarades; nous n'avons pas froid. Le matin, rappel et départ pour faire halte trois lieues plus loin.

Enfin nous sortons de l'enfer pour descendre au paradis. « Ménagez vos biscuits, nous dit notre capitaine, nous ne sommes pas encore dans le Piémont. Nous avons de mauvais passages pour arriver en Italie. » Nous arrivons au rendez-vous du rassemblement de tous les régiments, qui est une longue gorge et un village du nom d'Étroubles, adossé à cette montagne. A droite, une pente rapide, qui monte à un rocher très élevé. Dans cette plaine notre matériel se réunit sous deux jours; nous arrivons sans bottes, n'ayant plus de drap aux manches de notre habit; nous faisons pitié à voir.

Afin de stimuler l'ardeur des troupes, Bonaparte a promis une prime de mille francs par canon amené avec son affût de l'autre côté de la montagne. Une fois à Étroubles, lorsque le premier consul veut distribuer cette juste récompense du zèle et de la fatigue des soldats, tous, d'un commun accord, la refusent, montrant ainsi que la gloire et l'honneur d'avoir bien mérité de la patrie sont le seul prix qu'ils envient.

Tout notre matériel est rapidement remonté; mais un obstacle nous barre le passage et nous met un instant dans une position critique. Le fort de Bard ferme la route d'Ivrée par la vallée d'Aoste. Ce fort est imprenable, il ne peut être battu en brèche; ce n'est qu'un roc et des rochers tout autour qui le dominent, et que l'on ne peut franchir.

Nos ingénieurs découvrent heureusement un sentier dans les amoncellements de pierres, qui ont plus de deux cents toises de long, et ils le font aplanir. Ce sentier arrive vers le pied d'une montagne. Bonaparte fait tailler un passage dans le flanc de cette montagne à coups de masse de fer, pour pouvoir faire passer les chevaux; mais ce n'est pas le plus difficile à faire. Le matériel est là, dans un petit enfoncement à l'abri du feu ennemi; mais il ne peut monter le sentier, il faut le faire passer près du fort. Tout d'abord nous essayons de faire brèche. Deux canons sont placés en batterie sur la route, en face du fort, et tirent dessus. Il faut pourtant les relever tout de suite, car un boulet entre dans une de nos pièces.

Bonaparte envoie alors un parlementaire pour sommer le

chef autrichien de se rendre, mais la réponse n'est pas en notre faveur; il faut agir de finesse. De bons tirailleurs sont choisis, pourvus de vivres et de cartouches, et placés dans les fentes des rochers qui dominent le fort. Là ils se pratiquent des niches d'où leur feu tombe sur le dos des soldats autrichiens : ceux-ci ne peuvent faire aucun mouvement dans leur cour.

Le même jour notre général découvre à gauche du fort une roche plate très large. Il en fait tout de suite la reconnaissance pour y monter deux bouches à feu. Les hommes, les cordages, tout est mis à l'œuvre, et les deux pièces placées sur cette plate-forme, qui domine de plus de cent pieds l'ouvrage ennemi. Elles le foudroient à mitraille, et les Autrichiens ne peuvent sortir pendant le jour de leurs casemates; mais il reste nos pièces et nos canons qu'il faut passer.

Dès que Bonaparte apprend que les chevaux du train ont franchi ce passage difficile, il commence ses préparatifs pour faire défiler son artillerie sous les murs du fort. Les roues des canons, des caissons, sont entourées de paille, ainsi que les souliers de nos fantassins, pour ne pas éveiller l'attention. Le chemin est recouvert de fumier et de tout ce qui amortit le bruit du transport.

Tout est prêt à minuit. On donne le signal du départ. Nous passons sans être aperçus, non sans perdre toutefois quelques braves, atteints par les grenades que, dans l'obscurité, le fort lance au hasard. Le commandant ennemi, complètement trompé par ce stratagème, s'est flatté auprès de Mélas d'empêcher l'artillerie française de passer.

Au jour nous montons un sentier très rapide, et, arrivés au sommet de cette montagne, nous découvrons les belles plaines du Piémont. La descente est praticable, et nous avançons à marches forcées jusqu'à Turin, où les habitants sont surpris de voir arriver une armée entière avec toute son artillerie.

Le lendemain, nous partons pour Milan; nous n'avons pas de séjour; la marche est forcée, et le 2 juin nous faisons notre entrée dans la capitale de la Lombardie, Bonaparte à notre tête. Les Milanais étonnés ont peine à en croire leurs yeux, jamais peuple n'est passé plus inopinément du sommeil de la servitude à une existence politique; la république cisalpine est une seconde fois proclamée.

Nous traversons la ville, où tout le peuple forme la haie pour nous voir défiler, et nous acclame avec un enthousiasme indescriptible. Nous sortons par la porte de Rome, et nous trouvons un camp tout formé et les baraques toutes faites; nous voyons qu'il y avait là avant nous l'armée autrichienne.

L'infanterie forme les faisceaux; nous mettons nos chevaux au piquet.

En 1796 Bonaparte a tourné les Alpes, en 1800 il les a franchies, et cette fois avec des espérances plus grandes d'un immense et prompt succès, car il s'est établi par cette manœuvre sur les derrières de Mélas; il le coupe de l'Autriche, il l'épouvante de son audace, il l'a vaincu avant même de l'avoir rencontré. Le général autrichien se trouve dans la plus profonde ignorance de tous ces mouvements, et refuse longtemps d'y croire. Lorsque enfin il n'en peut douter, lorsqu'il sait que Bonaparte est entré à Milan, il concentre rapidement tous ses corps pour se faire jour avant d'être enveloppé.

Le 8 juin, nous marchons sur Plaisance et nous entendons le canon retentir au loin dans la direction de Montebello. C'est le brave Lannes qui bat les Autrichiens contre ce vil-

lage et les rabat sur le fleuve. Le lendemain nous traversons, à la suite du premier consul, ce champ de bataille.
Notre escadron lui sert d'escorte ce jour-là. Trouvant les
églises pleines de mourants et de blessés : « Diable! dit-il à
Lannes, qui lui sert de cicérone, il paraît que l'affaire a été
chaude. — Je le crois bien, ré-
pond celui-ci, les os craquaient
dans ma division comme la
grêle qui tombe sur les vi-
trages. »

Les deux jours suivants sont
employés par Bonaparte à concentrer son armée, et le 11 il
arrive à Stradella, où il est
rejoint par Desaix. Parti d'É-
gypte, ce général, que les
Arabes appelaient le *Sultan
juste,* à peine débarqué à Li-
vourne, s'est hâté d'écrire au
premier consul pour partager

Trompette de grenadiers à cheval
de la garde consulaire.

la gloire et les périls de l'armée : « Ordonnez-moi de vous
rejoindre; général ou soldat, que m'importe, pourvu que je
combatte près de vous! Un jour sans servir la patrie est un
jour retranché de ma vie. » Ses talents et son ardeur ne
doivent pas rester oisifs; il reçoit le commandement des
divisions Boudet, Monnier et Lapoype.

Le 11, nous sommes toute la nuit en marche dans des
chemins de traverse. Vers minuit, M. Ordener, notre colonel,
fait faire halte et passe dans les rangs en disant : « Faites le
plus grand silence, il faut un silence absolu. » Et il fait
commencer le mouvement par notre 1er escadron. Nous

passons dans des défilés où l'on ne se voit pas. Nous avons mis pied à terre, et le plus grand silence règne dans les rangs. Nous sortons, et l'on nous met dans des terres labourées : il est encore défendu de faire du bruit et d'allumer du feu; il faut se coucher entre de grosses mottes de terre, la tête sur le portemanteau, et attendre le jour.

Le matin on nous fait lever, et rien dans le ventre. On part pour descendre dans des fermes toutes ravagées; on traverse des fossés, des marécages, un gros ruisseau et des villages remplis de bosquets. Pas de vivres, toutes les maisons sont désertes; nos chefs sont accablés de fatigue et de faim. Nous sortons de ces bas-fonds pour remonter à gauche, dans un village entouré de vergers et d'enclos; nous y trouvons de la farine, un peu de pain, quelques bestiaux. Il était temps, nous serions morts de faim.

Le 13, au point du jour, on fait marcher en avant dans une grande plaine, et à deux heures la garde consulaire est mise en bataille contre Torre dei Garoffoli, entre Tortone et Alexandrie, où Bonaparte établit son quartier général. Un mouvement se fait partout; notre escadron est détaché en avant à la découverte. Nous marchons très loin et découvrons un village contre lequel sont campées les divisions Lannes et Victor. On nous dit que ce village se nomme Marengo.

Un peu avant la fin du jour, la 24ᵉ demi-brigade se heurte à une forte reconnaissance autrichienne et engage une affaire sérieuse, où elle perd beaucoup de monde. Il n'y a plus de doute, les Autrichiens sont devant nous, dans la ville d'Alexandrie, dont la flèche de la cathédrale pointe au loin à l'horizon; leur front est couvert par la petite rivière de la Bormida, sur laquelle ils ont jeté trois ponts dont les débouchés sont protégés par de fortes batteries.

Nous campons à l'endroit où nous sommes arrivés, et envoyons la moitié de notre escadron en estafettes dans toutes les directions. Toute la nuit se passe sous les armes. A trois heures du matin, quelques coups de feu éclatent à nos avant-postes. Deux grand'gardes viennent d'être surprises par les Croates et massacrées jusqu'au dernier homme.

C'est le signal du réveille-matin. Nos chevaux sont sellés et bridés en un clin d'œil. L'infanterie rompt les faisceaux. Notre commandant envoie aussitôt plusieurs ordonnances à Torre dei Garoffoli pour informer le premier consul.

A quatre heures, une fusillade enragée éclate sur notre droite. On bat la générale sur toute la ligne; les aides de camp viennent faire prendre aux troupes leurs lignes de bataille. A travers le jour naissant, nous apercevons d'énormes masses bleues et blanches qui se meuvent au delà de la Bormida. Ce sont les Autrichiens qui sortent d'Alexandrie et qui vont nous attaquer pour forcer le passage.

Notre escadron de grenadiers à cheval rétrograde un peu, derrière une belle pièce de blé se trouvant sur une petite éminence qui nous masque, et nous attendons. Devant nous, l'infanterie charge ses fusils et vérifie les amorces du bassinet.

Tout à coup des chasseurs tyroliens, à l'uniforme gris à parements verts, le chapeau ombragé par un vaste panache en plumes de coq, sortent de derrière des marais et les saules de la Bormida, puis l'artillerie commence.

Bientôt trois fortes colonnes autrichiennes débouchent derrière les saules, franchissent les ponts de la Bormida au pas de charge, se déploient devant notre infanterie et la criblent de mitraille. Ce premier choc est terrible, désespéré. Les ennemis attaquent avec fureur pour s'ouvrir une trouée dans nos rangs. La 96ᵉ de ligne soutient à elle seule pendant quelques instants les efforts de l'ennemi. D'une compagnie de grenadiers il ne reste plus que quatorze hommes; tout le reste est tué ou blessé. Les Autrichiens veulent nous tourner, et il faut toujours appuyer pour les empêcher de nous prendre par derrière. Lannes et Victor, à la tête de quinze mille hommes seulement, ont sur les bras trente-six mille ennemis.

On ne se voit plus dans la fumée. Les canons mettent le feu dans la grande pièce de blé où nous nous trouvons et où se sont réfugiées plusieurs compagnies d'infanterie. Des gibernes sautent; on est obligé de rétrograder, pour nous reformer le plus vite possible.

Une immense cavalerie, dragons, houzards, uhlans, chevau-légers, se déploie pour nous charger. Un bataillon de la 43ᵉ de ligne est surpris en colonne par le régiment des dragons de la Tour, qui débouchent au galop de derrière une grange entourée de grands murs; ce bataillon, qui n'a pas le temps de se former en carré, est sabré et foulé aux pieds des chevaux.

Heureusement à ce moment des sonneries de cavalerie retentissent. Kellermann accourt à la tête de ses dragons, qui défilent contre nous avec un entrain indicible. Ce brave général, qui dans cette journée ajoute beaucoup à la gloire de Valmy, attachée au nom paternel, fond sur les escadrons autrichiens, les sabre, les précipite dans le lit fangeux de ce petit cours d'eau de la Bormida, que l'art n'aurait pas mieux tracé pour couvrir notre position.

Cependant leur nombreuse artillerie, deux cents bouches à feu environ, nous accable; nous ne pouvons plus tenir. Les rangs de l'infanterie se dégarnissent à vue d'œil; de loin on ne voit que des blessés, et les soldats qui les portent ne reviennent pas dans leurs rangs; il faut céder du terrain, abandonner le village de Marengo, et personne pour nous soutenir. Les colonnes autrichiennes se renouvellent; aucun renfort ne vient à notre secours. A force de brûler des car-touches, il n'est plus possible de les faire descendre dans le

La garde consulaire entre en ligne.

canon des fusils. Les soldats sont obligés d'uriner dans les canons pour les décrasser, puis les sèchent en y brûlant de la poudre sans la bourrer.

Nous recommençons à tirer et à battre en retraite. Nos soldats frémissent de rage en se voyant ainsi obligés de reculer, malgré leur courage héroïque.

Il est dix heures du matin. Le carnage est horrible. Une masse considérable de blessés encombre la route entre Ma-rengo et San-Giuliano. Déjà une partie des troupes de Victor se retirent en désordre, criant que tout est perdu. Notre escadron, qui n'a pas encore tiré le sabre du fourreau, reste comme extrême réserve et conserve seul ses rangs. Les car-touches manquent, le feu s'éteint peu à peu. Tout à coup les

cris de : « En avant! en avant! Vive le premier consul! »
retentissent derrière nous.

Nous tournons la tête, et à travers la fumée et la poussière
nous reconnaissons Bonaparte entouré de son état-major, des
grenadiers et des chasseurs à cheval de la garde consulaire ;
au loin les deux bataillons de grenadiers accourent au pas
gymnastique. Ce seul aspect suffit pour rendre aux troupes
l'espérance de la victoire; la confiance renaît. La garde consulaire est peu nombreuse, mais d'une valeur incomparable.
Avec cette troupe arrivent huit cents hommes d'infanterie
chargés de cartouches dans leurs sarreaux de toile; ils passent
derrière les rangs des troupes de Victor et de Lannes, et leur
donnent des munitions.

Le feu redouble alors. Afin d'arrêter l'ennemi dans sa
marche, les deux bataillons de la garde consulaire se portent
en avant dans la plaine, à la droite de Lannes.

Une masse de cavalerie hongroise et autrichienne les
charge à fond de train. Les bonnets à poil se forment aussitôt
en carré, et, pareils à une redoute inexpugnable, reçoivent
la charge des dragons de Lobkowitz, qui viennent se briser
sur leurs baïonnettes. Cette véritable colonne de granit reste
inébranlable au milieu de cette immense plaine, sous les
assauts répétés d'une multitude de cavaliers : infanterie,
cavalerie, artillerie, tout est dirigé sur ces deux bataillons,
mais en vain. C'est alors que vraiment l'on voit ce que peut
une poignée de gens de cœur.

Notre escadron s'est rallié à la cavalerie consulaire. « En
avant les grenadiers ! » nous crie Ordener. Nous partons
à toute bride, heureux de prendre enfin une part active à la
lutte à laquelle nous assistons en simples spectateurs depuis
de longues heures. Nous tombons sur des chevau-légers qui

viennent d'enfoncer les premiers pelotons de la 96e. En un clin d'œil ils sont culbutés à leur tour.

De notre côté, Kellermann arrive ponr nous soutenir avec ses dragons et les chasseurs à cheval d'Eugène de Beauharnais. Les charges de cavalerie deviennent terribles. Kellermann en fait trois de suite. Le brigadier-trompette des chasseurs Krettly charge en fourrageurs avec vingt hommes sur une batterie autrichienne, et s'en empare après avoir sabré les canonniers qui la défendent. Malgré tout, nous sommes encore forcés de battre en retraite; les bataillons se dégarnissent à vue d'œil, tout prêts à lâcher pied, si ce n'était la bonne contenance des chefs.

Il faut faire face partout. Les feux de bataillon par échelons en arrière arrêtent les Autrichiens; mais pour la deuxième fois ces maudites cartouches ne veulent plus descendre dans les canons de fusil de nos fantassins; il faut encore uriner dedans pour les décrasser. La plaine est jonchée de morts et de blessés, car on n'a pas le temps de les ramasser. Partout le terrain présente un vaste champ de carnage, où le feu des explosions s'ajoute à celui de l'artillerie, car Lannes fait sauter les caissons qu'il ne peut plus emmener.

Ce brave général, à la tête de ses vaillants soldats, met deux heures à parcourir trois quarts de lieue. Lorsque l'ennemi s'approche et devient trop pressant, il s'arrête et le charge à la baïonnette. Quoique son artillerie soit démontée, quelques pièces légères, attelées des meilleurs chevaux et manœuvrées avec autant d'habileté que d'audace, viennent aider de leurs feux les demi-brigades, serrées de trop près, et osent se mettre en batterie en face de la formidable artillerie autrichienne.

Mélas, se croyant sûr de la victoire, est retourné à Alexandrie pour expédier dans toute l'Europe des courriers chargés d'annoncer la défaite du général Bonaparte à Marengo; il a laissé à son chef d'état-major Zach le soin de poursuivre l'armée française.

Il est alors trois heures de l'après-midi. Tous nos généraux regardent la bataille comme perdue. A peu de distance en arrière de notre colonne, nous apercevons le premier consul assis sur la levée du fossé de la grande route d'Alexandrie, tenant son cheval par la bride et faisant voltiger de petites pierres avec sa cravache. Les boulets qui roulent sur la route, il ne les voit pas. Quand nous sommes près de lui, il monte sur son cheval et part au galop derrière nos rangs : « Du courage, soldats, nous dit-il, les réserves arrivent. Tenez ferme ! » Tous les grenadiers de crier : « Vive Bonaparte ! » et d'agiter leurs sabres.

Nous sommes néanmoins obligés de continuer notre retraite. Tout à coup un aide de camp accourt ventre à terre en criant : « Où est le premier consul? Voilà la réserve qui arrive ! Courage! vous allez avoir du renfort dans une demi-heure!»

Desaix, suivi de quelques officiers, un magnifique sabre turc porté en sautoir sur sa redingote bleue, ses cheveux blonds flottant au vent, rejoint Bonaparte sur le front de notre escadron et lui annonce qu'il amène six mille hommes de troupes fraîches qui le suivent à peu de distance. On entoure Desaix, on lui raconte la journée. La plupart des généraux sont d'avis de continuer la retraite. Bonaparte presse Desaix de dire son opinion. Celui-ci promène ses regards sur ce champ de bataille dévasté, puis, tirant sa montre et regardant l'heure, dit ces simples et nobles paroles : « Oui, la bataille est perdue; mais il n'est que trois heures, il reste encore le temps d'un gagner une. »

BATAILLE DE MARENGO (d'après un tableau du musée de Versailles).

Des officiers d'ordonnance partent aussitôt au galop sur tous les points et crient aux hommes : « Tenez ferme, voilà la réserve ! » Les pauvres petits pelotons de notre infanterie décimée regardent du côté de la route de Montebello, à tous les demi-tours qu'on leur fait faire. Enfin cris de joie : « Les voilà ! les voilà ! » Cette belle division Boudet que vient d'amener Desaix s'avance l'arme au bras ; c'est comme une forêt que le vent fait vaciller. Cette troupe marche sans courir, avec une belle artillerie dans les intervalles de ses trois demi-brigades : 9ᵉ légère, 30ᵉ et 59ᵉ de ligne ; un régiment de grosse cavalerie ferme la marche.

Cette division arrive à hauteur de notre ligne de bataille et fait halte, masquée aux regards de l'ennemi par un léger pli de terrain couvert de vignobles. Nous battons toujours en retraite. Le premier consul donne ses ordres ; les hommes tombent autour de lui, il ne sourcille pas, ses généraux lui font des observations, il n'y répond même pas et fixe constamment l'ennemi.

Ses dispositions prises, Bonaparte parcourt à cheval nos rangs : « Mes amis, nous dit-il, c'est avoir fait trop de pas en arrière ; le moment est venu de marcher en avant. Souvenez-vous que mon habitude est de coucher sur le champ de bataille. » Les cris : « Vive Bonaparte ! Vive le premier consul ! » accueillent ces paroles.

Les Autrichiens se croient sûrs de la victoire ; une colonne de six mille grenadiers hongrois, conduits par Zach, arrive avec la plus grande assurance pour enfoncer notre gauche, et se dirige vers la route où se trouve masquée la division Boudet. Les grenadiers hongrois s'avancent comme s'ils faisaient route pour aller chez eux, l'arme sur l'épaule ; ils ne font plus attention à nous, ils nous croient tout à fait en déroute. Bonaparte donne aussitôt l'ordre à Desaix de se précipiter avec cette division sur les Hongrois de Zach et de les culbuter à la baïonnette.

Nous reculons toujours peu à peu et avons déjà dépassé les troupes de Desaix de trois cents pas; les Autrichiens sont prêts aussi à dépasser la ligne, lorsque Marmont démasque tout à coup douze pièces de canon. Une épaisse mitraille tombe sur la tête de la colonne autrichienne, surprise comme par un véritable coup de foudre. En même temps Desaix ébranle la 9e légère. « Allez avertir le premier consul, dit-il à son aide de camp Savary, que je charge, et que j'ai besoin d'être appuyé par la cavalerie. »

Desaix, à cheval, marche lui-même en tête de deux cents éclaireurs de cette demi-brigade. Il franchit avec eux le léger pli de terrain qui les dérobe à la vue des Autrichiens, et se révèle brusquement à eux par une charge de mousqueterie exécutée à bout portant. Les Autrichiens ripostent, et Desaix, frappé d'une balle au cœur, tombe de cheval. « Cachez ma mort, dit-il au général Boudet, car cela pourrait ébranler les troupes. » Inutile précaution de ce héros! On l'a vu tomber, et ses soldats, comme ceux de Turenne, demandent à grands cris à venger leur chef.

La 9e légère, qui ce jour-là mérita le titre d'*Incomparable,* qu'elle a porté jusqu'à la fin de nos guerres du premier empire, la 9e légère, après avoir vomi ses feux, se range en colonne et fond sur les grenadiers hongrois à la baïonnette, ne leur donnant pas le temps de se reconnaître. A cette vue, les deux premiers régiments qui ouvrent la marche, surpris, se jettent en désordre sur la seconde ligne et disparaissent dans ses rangs. On bat la charge partout. Tout le monde fait demi-tour, et de courir en avant. On ne crie pas, on hurle.

Les grenadiers de Lattemann résistent avec fermeté à l'attaque de notre 9e légère, mais les 30e et 59e de ligne fondent à leur tour sur l'ennemi. En même temps Kellermann part au galop, place une partie de ses escadrons en potence, pour

Mort de Desaix.

faire face à la cavalerie autrichienne qu'il voit devant lui, puis, avec le reste, se jette dans le flanc de la colonne des grenadiers, assaillis de front par l'infanterie de Boudet.

Cette charge, exécutée avec une vigueur extraordinaire, coupe la colonne en deux. Les dragons de Kellermann sabrent à droite et à gauche, jusqu'à ce que, pressés de tous côtés, les malheureux grenadiers déposent les armes. Deux mille d'entre eux, le général Zach en tête, se rendent prisonniers.

Sur toute la ligne de San-Giuliano à Castel-Ceriolo, nos soldats ont repris l'offensive; nous marchons en avant, ivres de joie et d'enthousiasme, en voyant la victoire revenir

7*

à nous. La surprise, le découragement ont passé du côté des Autrichiens. Kellermann culbute les dragons de Lichtenstein et les met en fuite. Lannes avance au pas de charge; la garde consulaire, à pied, court la baïonnette en avant et renverse tout devant elle; le grenadier Doubette, de ce corps d'élite, enlève un drapeau à l'ennemi.

La cavalerie autrichienne veut couvrir la retraite. Le premier consul lance contre elle les chasseurs et les grenadiers à cheval de sa garde. Bessières, ayant à ses côtés Ordener et le jeune de Beauharnais, est en tête de la charge et fond sur les cavaliers ennemis. Au moment où les fers vont se croiser, un soldat autrichien, renversé et sanglant, étend les mains vers notre colonne, nous suppliant de ne pas l'écraser : « Mes amis, s'écrie le brave Bessières, ouvrez vos rangs, épargnez ce malheureux. » En face de nous se trouve le corps des dragons autrichiens de Bussi, au nombre d'environ deux mille hommes; un large fossé nous sépare de nos adversaires; nous le franchissons rapidement, et la charge est si rapide, que nous entamons en un clin d'œil la tête de colonne. Au milieu de la mêlée, le général qui commande ce corps est enlevé de dessus son cheval et se trouve enfourché sur le cou de celui du capitaine Daumesnil, des chasseurs à cheval, qui le saisit vigoureusement et le tient tellement serré, qu'il lui est impossible de se mouvoir : il est conduit de cette manière au quartier général.

Les dragons tournent bride, et dans la poursuite que nous leur faisons ils reçoivent sur le dos de vigoureux coups de sabre. Cette cavalerie se sauve à fond de train dans la direction d'Alexandrie, et culbute en grande partie dans des fossés pleins d'eau. Leurs corps servent de pont pour laisser passer les autres. Trois étendards sont enlevés par le maréchal des logis Lanceleur et les cavaliers Milet et Leroy, des grenadiers à cheval de la garde consulaire.

La confusion sur les ponts de la Bormida s'accroît à chaque instant. Fantassins, cavaliers, artilleurs, s'y pressent en désordre. Les ponts ne pouvant pas contenir tout le monde, on se jette dans la Bormida pour la passer à gué. Un conducteur d'artillerie essaye de la traverser avec la pièce de canon qu'il conduit; il y réussit. L'artillerie tout entière veut alors suivre son exemple, mais une partie des voitures reste engagée dans le lit de la rivière. Nos soldats, ardents à la poursuite, précipitent les Autrichiens dans la Bormida, où beaucoup trouvent la mort. C'est affreux de voir ces malheureux se noyer; on n'entend que des cris. Cela dure jusqu'à neuf heures du soir; nous prenons les voitures et les canons.

Enfin le combat cesse. Huit mille Autrichiens, tués ou blessés, couvrent le champ de bataille. Plus de quatre mille ont été faits prisonniers. De notre côté, lespertes sont cruelles : nous comptons près de six mille hommes tués ou blessés, et parmi les premiers les généraux Desaix et Champeaux.

L'enthousiasme de nos troupes est à son comble : les blessés se soulèvent d'eux-mêmes pour acclamer le premier consul pendant qu'il visite le champ de bataille.

Savary, l'aide de camp de Desaix, cherche longtemps le corps de son général et finit par le retrouver par terre, au milieu des morts, et déjà dépouillé. Il le reconnaît à sa volumineuse chevelure, de laquelle on n'a pas encore ôté le ruban qui la liait. L'enveloppant alors dans un manteau de dragon trouvé sur le champ de bataille, Savary le fait charger sur le cheval d'un hussard, qui le conduit jusqu'à Garoffoli. Le matin même Desaix avait dit à cet officier, comme avec un pressentiment de sa fin prochaine : « Voilà longtemps que je ne me bats plus en Europe, les boulets ne me connaissent plus; il m'arrivera quelque chose. » Fait curieux à noter : le même jour, dans une autre partie du monde, tombait sous le poignard d'un assassin un de nos meilleurs généraux, l'illustre Kléber, couronné des récents lauriers d'Héliopolis.

Le soir de la bataille, de retour à son quartier général, le premier consul, en présence des chefs de ce corps qui l'ont accompagné, témoigne hautement les vifs regrets qu'il éprouve de la perte de Desaix. « Pourquoi ne m'est-il pas permis de pleurer? dit-il. Ah! que la journée eût été belle si ce soir j'avais pu embrasser Desaix sur le champ de bataille! J'allais le faire ministre de la guerre; je l'aurais fait prince si j'avais pu. » Puis, s'adressant à Kellermann fils : « Général, ajoute-t-il, vous avez donné bien à propos; la France vous doit beaucoup. » Et s'adressant ensuite à Bessières : « Bessières, reprit-il d'un ton animé, la garde des consuls que vous commandez s'est couverte de gloire. » Et enfin à Eugène de Beauharnais : « Ton ardeur, mon ami, dit-il à son beau-fils, te conduira loin. »

Le lendemain, à la pointe du jour, nos grenadiers attaquaient déjà les avant-postes que l'ennemi avait laissés à la tête des ponts de la Bormida, lorsqu'un officier autrichien se présenta et annonça que le général Mélas demandait à envoyer un parlementaire au premier consul. Ce malheureux général autrichien fut réduit, après deux jours de pourparlers, à signer la convention d'Alexandrie et à se retirer derrière le Mincio.

L'Italie était reconquise.

HOHENLINDEN

(3 décembre 1800)

PAR UN GRENADIER DE LA 48ᵉ DEMI-BRIGADE DE LIGNE

La victoire de Marengo n'avait pas été suivie de cette paix que toute l'Europe désirait et que la France, après le triomphe de ses armées, était en droit d'espérer. L'Angleterre avait intérêt à entretenir la guerre sur le continent et ne cessait d'y pousser l'Autriche, en lui fournissant de nombreux subsides. Il fallait en finir. Le premier consul donna l'ordre à Moreau, qui commandait notre armée d'Allemagne, d'agir avec la dernière énergie. C'est là qu'allaient se porter les grands coups.

Notre armée, parfaitement organisée, approvisionnée et munie, était à Munich, tenant la ligne de l'Iser, et les Autrichiens à Braunau, tenant celle de l'Inn. Le jeune archiduc Jean avait remplacé, dans le commandement de l'armée impériale, le feld-maréchal Kray, disgracié. Ce jeune prince, à qui l'on avait donné pour mentor le vieux général Laver, avait toute la présomption de son âge.

Le 1ᵉʳ décembre, nous entendons le bruit d'un violent engagement dans la direction d'Aschau, où se trouve la division de Ney. Dans la nuit nous apprenons que cette division, écrasée par des forces énormes, a été obligée d'abandonner ses positions et de battre en retraite. Le 2 décembre, au petit jour, notre division, que commande le brave Richepanse, quitte Albaching sans bruit et se dirige vers la forêt de Hohenlinden, où Moreau concentre toutes ses troupes. Notre marche s'opère avec les plus grandes difficultés, à travers des chemins défoncés par des pluies abondantes.

Trompette de chasseurs à cheval
(1800).

Cette affaire d'Aschau, tout à l'avantage des Impériaux, a enflé la vanité du jeune généralissime autrichien, qui se croit invincible. Son imprudente confiance ne connaît plus de bornes, le lendemain, lorsqu'il a vu nos troupes poursuivre leur mouvement de retraite. Mais cette retraite n'est qu'une feinte. Moreau s'est retiré au centre de la vaste forêt de Hohenlinden. Il faut le forcer dans ce redoutable refuge. Son sang-froid, sa vigueur, vont se retrouver ici avec l'inexpérience de l'archiduc, infatué d'un premier succès.

Entre l'Iser et l'Inn s'étend cette grande forêt, dont le village de Hohenlinden occupe le centre. Ces plateaux boisés s'inclinent au nord et descendent au Danube par terrasses successives, qui finissent par un sol bas et marécageux. L'archiduc Jean a vu rétrograder devant lui cette redoutable armée du Rhin que, depuis bien des années, les généraux autrichiens n'ont plus l'art d'arrêter. Il croit que rien n'osera s'opposer désormais à sa marche offensive. Il se repose le 2 décembre et dispose tout pour traverser dans la journée du lendemain la forêt de Hohenlinden. Mais son plan d'attaque est mal combiné et va engager son armée, divisée en quatre longues colonnes, dans les défilés de cette forêt immense et presque impénétrable.

Moreau, dans la nuit du 2 au 3 décembre, prend toutes ses dispositions pour assaillir de trois côtés la principale colonne ennemie dans la gorge où elle va s'entasser. Notre

Charge du 13e régiment de cavalerie française.

général va avoir à combattre plus de soixante-dix mille Autrichiens avec moins de soixante mille Français ; c'est plus qu'il n'en faut avec les soldats dont se composent nos légions. Nous passons la nuit qui précède la bataille dans le village d'Ebersberg.

Le 3 décembre, au point du jour, nous nous mettons en marche ; il tombe une neige si abondante, qu'on se reconnaît à peine à quelques pas. On se dirige dans la direction de Mattenpoët. Un morne silence règne dans la colonne. On chemine à travers de sombres bois de sapins, où des corbeaux font entendre leurs croassements lugubres.

Bientôt nous quittons la grande route d'Ebersberg et nous rabattons sur celle de Hohenlinden, où se trouve le général Moreau avec le gros de notre armée, et nous pénétrons audacieusement dans une région boisée entrecoupée de ravins. De temps à autre nous rencontrons quelques sentiers couverts d'une neige boueuse et glacée, où nous enfonçons jusqu'aux genoux.

Vers midi, nous arrivons au village de Saint-Christophe. A ce moment la neige, qui a cessé de tomber pour quelques instants, permet de discerner très facilement une nombreuse colonne ennemie qui se montre sur la lisière d'un bois. La brigade Drouet, qui nous précède, se met aussitôt à pétiller de coups de feu. Les balles arrivent jusqu'à nous, cassant les branches des arbres au-dessus de nos têtes et nous couvrant d'une poussière glacée.

De tous côtés débouchent des habits blancs; nous sommes enveloppés. N'importe, Richepanse n'hésite pas un instant sur le parti qu'il a à prendre. Il laisse Drouet dans Saint-Christophe avec mission de se maintenir dans ce village jusqu'à la dernière extrémité; puis, se mettant à la tête de notre brigade (8ᵉ et 48ᵉ de ligne), que commande le général Walther, et précédé du 1ᵉʳ chasseurs à cheval, il se dirige, nous animant de la voix et du geste, sur Mattenpoët, où son instinct militaire lui dit que se trouve le point décisif. « Dépêchons, mes enfants, dépêchons ! » nous crie le général, et nous repartons au pas accéléré, malgré la neige qui s'est remise à tomber et nous aveugle, malgré les fossés et les fondrières où nous trébuchons et roulons à chaque instant, en traînant à bras notre artillerie, qui roule presque toujours dans la boue.

Arrivés à Mattenpoët, à l'autre bout du défilé de la forêt,

notre compagnie de grenadiers de la 48ᵉ se trouve tout à
coup nez à nez avec une troupe de cavaliers, enveloppés de
grands manteaux blancs et coiffés d'un chapeau de feutre à
haut plumet noir et jaune, qui ont fait halte et attendent
tranquillement, la guide du cheval passée dans le bras droit.
Ce sont des cuirassiers autrichiens qui ont mis pied à terre

Richepanse à Hohenlinden. — « Grenadiers de la 48ᵉ, que dites-vous de ces gens-là ? »

et se reposent, pendant que les grands parcs et les bataillons
de la colonne de Kollowrath franchissent le défilé. Nous nous
jetons sur eux, et, avant qu'ils soient revenus de leur stupeur, ils sont entourés et désarmés. Mais d'autres escadrons
de cavalerie autrichienne sont non loin de là ; ils nous ont
aperçus. Les hommes montent à cheval en un clin d'œil, les
rangs se forment, et huit escadrons se jettent sur nous à
toute bride.

Richepanse range aussitôt nos deux demi-brigades d'infanterie dans la petite clairière qui entoure Mattenpoët, puis lance en avant le 1er chasseurs. Ces braves cavaliers, vêtus de la veste verte à brandebourgs blancs et portant la hongroise tricolore sur leurs culottes collantes, chargent courbés sur leurs schabraques de peau de mouton et enfoncent les chevau-légers autrichiens.

Soudain une masse de cuirassiers portant sur la poitrine la demi-cuirasse de fer peinte en noir débouchent de la forêt et chargent la 8e de ligne, qui les reçoit tranquillement sur ses baïonnettes et les fusille à bout portant.

Laissant à Walther le soin de contenir avec la 8e de ligne et le 1er chasseurs à cheval les efforts de ce corps ennemi, que commande le général Riesch, et ceux de la nombreuse cavalerie impériale, Richepanse se met à la tête de notre demi-brigade, l'intrépide 48e de ligne, et, se rabattant brus-quement à gauche, prend la résolution hardie de s'enfoncer à la suite des Autrichiens dans le défilé de la forêt. Ce brave général marche en avant de nos grenadiers, le sabre au poing, et pénètre dans la forêt, où il essuie sans s'ébranler un feu violent de mitraille. Bientôt nous apercevons les colonnes ennemies entassées dans le défilé; une sorte d'agitation, de flottement, se produit dans leurs rangs serrés. Quelque chose d'extraordinaire semble se produire à leur avant-garde.

Richepanse se tourne vers notre colonel et lui dit : « C'est le moment de charger : Moreau et Ney doivent attaquer à cette heure la tête de colonne des Autrichiens ! — En avant !» crions-nous comme des enragés, et nous partons la baïonnette basse. Une réserve de Bavarois, à l'uniforme bleu de ciel et coiffés de casques de cuir à haute chenille noire, essayent de nous arrêter, mais sont presque aussitôt culbutés. A peine cette attaque est-elle repoussée, que trois bataillons de gre-

nadiers hongrois s'avancent, l'arme au bras et au pas de
charge, en barrant la route. Richepanse veut nous soutenir
de la voix et du geste, mais nous n'en avons pas besoin.

A la vue des grenadiers hongrois il se tourne vers nous, et
nous montrant l'ennemi de la pointe de son sabre : « Grenadiers de la 48e, s'écrie-t-il, que dites-vous de ces gens-là? —

Charge du 8e régiment de cavalerie (cuirassiers).

Général, ils sont morts! » répondons-nous, et nous nous précipitons sur les Hongrois.

Le choc est terrible. Enfin les Hongrois sont culbutés et
rejetés dans la forêt. On marche de nouveau en avant, où on
culbute les bataillons ennemis. Bientôt nous trouvons des
masses de bagages, d'artillerie, d'infanterie accumulées pêle-
mêle contre la maison de poste d'Oberkaking. Notre vue
cause à cette multitude une terreur indicible et la jette dans
un affreux désordre.

Au même moment nous entendons des cris confus à l'autre extrémité du défilé. En avançant, ces cris plus distincts nous révèlent la présence de nos frères d'armes. C'est Ney, en effet, qui, partant de Hohenlinden, a pénétré par la tête du défilé et a poussé devant lui la colonne autrichienne que nous venons de pousser par derrière en la prenant en queue. Ney et Richepanse se joignent, se reconnaissent, et, ivres de joie, s'embrassent en voyant un si beau résultat, au milieu de nos acclamations enthousiastes.

Nous fonçons de toutes parts sur les Autrichiens, qui, fuyant dans les bois, se jettent partout à nos pieds. Le désordre devient général; les soldats autrichiens, hongrois, bavarois, entassés dans le défilé, se dispersent de tous côtés dans la forêt. Quatre-vingt-sept canons sont abandonnés sur la chaussée couverte de cadavres, de blessés, de chevaux et de débris de toute espèce.

Richepanse, abandonnant à Ney le soin de recueillir les trophées de l'archiduc Jean, nous ramène à Mattenpoët, où le général ·Walther vient de résister à tous les efforts de l'ennemi et a fini par l'obliger à battre en retraite. Nous trouvons ce brave général percé d'une balle, porté sur les bras de ses soldats, mais le visage rayonnant de contentement et dédommagé de ses souffrances par la satisfaction d'avoir contribué à une manœuvre décisive.

La nuit approche à grands pas. Le centre autrichien, enveloppé, a succombé tout entier; la gauche est en pleine retraite. Reste la droite. Moreau, jugeant que notre infanterie a été assez employée, nous tient au repos et fait avancer plusieurs régiments de cavalerie : chasseurs, houzards, dragons et grosse cavalerie. Ces braves gens défilent devant nous en brandissant leurs sabres et en faisant voler d'épais flocons de neige sous les sabots de leurs chevaux. L'impulsion de la victoire double leur ardeur et leurs forces. En un instant tout est terminé.

Le triomphe est magnifique. L'armée autrichienne a encore plus de peine à sortir de ce bois qu'elle n'en a eu à y pénétrer. On voit partout des corps égarés qui, ne sachant où fuir, tombent dans les mains de notre armée victorieuse et mettent bas les armes.

Il est cinq heures; la nuit couvre de ses ombres le champ de bataille. On a tué ou blessé sept à huit mille hommes à l'ennemi, fait douze mille prisonniers et pris quatre-vingt-sept pièces de canons, résultats bien rares à la guerre.

Moreau, dans l'effusion de sa joie, dit le soir aux généraux dont les talents et la bravoure avaient si bien exécuté ses habiles dispositions : « Félicitons-nous, messieurs, car nous venons de conquérir la paix. » Cette paix, que l'Autriche n'avait pas voulu conclure après la victoire de Marengo, fut, en effet, la conséquence la plus glorieuse de la victoire de Hohenlinden.

FIN

TABLE

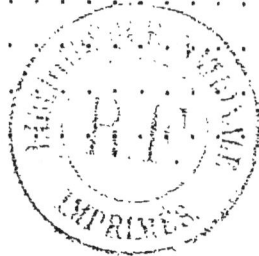

29685. — Tours, impr. Mame.

www.ingramcontent.com/pod-product-compliance
Lightning Source LLC
Chambersburg PA
CBHW071225290326
41931CB00037B/1967